暮らしとこころに風を入れる「家開き」術

人がつながる／人が集まる

●一級建築士
池上裕子 *Yuko Ikenoue*

JN079601

原書房

暮らしとこころに風を入れる「家開き」術　人がつながる　人が集まる

1 「家開き」とは

今から三〇年後、あなたはいくつになっているでしょうか？

もし、あなたが五五歳だとしたら八五歳、一〇〇歳まで生きるならば、まだまだ先は長いです。そしてそんなあなたは、どこにいて、どうしていると思いますか？

報道によれば、二〇一九年の日本人の一〇〇歳以上の方は七万人を突破、今から三〇年後の二〇五〇年には五〇万人を超えると予測する専門家もいます。

長寿化の先頭を走っている日本では、今までに経験したことのない長寿社会がやってくるのです。どこを見ても高齢者に会うという感じなのでしょうね。

そんなとき、国や社会のお世話になろうとみんなが思っていたらどうなると思いますか？

すでに年金でさえいろいろ問題があり、自助努力を促す話題が絶えません。高齢者が大勢になったら、お金の問題だけではなく、心身の健康寿命も自助努力がとても大事になるはず。働ける若者の負担は増すばかり。

本当にいま自分のことを自分自身でじっくり考えていかなくていけない時代なのです！

これからは「家」で過ごす時間がますます長くなります。計算上は、定年後の時間は働いていた時間と同じくらい「家」で過ごすことになります。

ひとりの人が二〇歳から六〇歳まで働いたとします。個人差はありますが、日本人は一年間で約二〇〇〇時間働くそうです。そうすると六〇歳の定年までに働く時間は、二〇〇〇時間×四〇年＝八万時間になります。

一方、定年後の時間はというと、いま日本人の男性の平均寿命は八一歳、女性は八七歳を超えています。一日二四時間のうち、睡眠や食事などの時間を引いた時間を一一時間とします。一一時間×三六五日×二〇年としても八万時間以上です。女性は約一〇万四〇〇〇時間以上になります。

つまり、会社で働いていた時間以上が、定年後の人生には残っているのです。その時間をどう過ごすかの準備は必要であり、個人に任されています。

家で過ごす時間の多さを考えたときに、その過ごし方、つまり暮らし方は残りの人生そのものになるのです。

「有形資産」と「無形資産」

これからの家の価値は、不動産＝「有形資産」としての価値だけでなく、人とのほどよい関係を築くことによって幸福感や充実感といった人生の充足＝「無形資産」を感じられる暮らし方がいかにできるかが、より大切になってきます。

人は「資産」というと、なぜか有形なものだけを考えることが多いようです。たとえば不動産とか、銀行の預金とか、客観的価値をお金に表しやすいものをすぐに考えるようです。

しかし、客観的価値が表しにくい「無形資産」を持つことは本当に大切です。健康な身体や精神、高度な知識やスキル、信頼できる仲間や家族の存在……こういうお金には換算できない資産がとても大切になるのです。良い人生に対する考え方は人によって違うかもしれませんが、私は、普通の人には両方の資産がバランスよく必要だと思っています。

「資産」とは、ある程度の期間存続するものですが、その価値はずっと同じように存続していくものではありません。「有形資産の価値」は上がることもあれば下がることもあります。だからメンテナンスや投資をして価値が下がらないようにしますよね。

では「無形資産の価値」はどうでしょうか。

残念ながら、これも怠っていれば、価値がなくなることがあります。このことに気づかない人がとても多いのです。

友人に連絡をとらなかったり、家族を大切にしなかったり、知識を増やさず活用しなかったり、健康を大切に考えない生活をしていたりすれば、それは「無形資産」を徐々に失っていることになるのです。

「有形資産」は永遠ではありません。そして、「無形資産」も永遠ではありません。「有形資産」を活用しながら「無形資産」を維持管理させることが大切になるのです。

健康で安心した暮らしをするためには、住まいという器の「有形資産」だけをつくるのではなく「無形資産」もしっかり考えた住まいづくりが必要なのです。

私は本書で「家開き」という暮らし方を提案します。

まさに、「有形資産」を活用しながら「無形資産」を維持管理する方法です。

私は建築士です。建物を設計する人、と一般的には思われている建築士である私が、なぜ「家」ではなく「暮らし方」を提案するのか、不思議に思われる方もいらっしゃるでしょう。もちろん最初からこうだったわけではありません。「家の形」も大切ですが「暮らし方」はもっと大切だと強く思うようになってきたからです。

建築家になりたい

私が建築家になりたいと思ったのは小学校五年生のときでした。

父の転勤により生まれ育った横浜にまた戻ってくることが決まったとき、両親は新たに家を建てようと決めました。地元の工務店に工事の相談をしたところ、工務店からの提案で設計事務所に設計を依頼することになりました。

両親は家を建てるときは工務店に頼めばすべてそこでやってくれるものだと思っていたようでしたが、コンクリート住宅を希望したため、設計事務所という設計のプロに初めて出会うことになったのです。これが、私が建築士と言う職業を初めて知ったときでした。

両親と建築士が何度も打ち合わせをするたびに、私はいつも同席して横からずっと図面を眺めていました。家族の暮らす動きを想像しながら、間取りを一緒に考えることがとても楽しかったことを今でも思い出します。

あまりに身を乗り出している私に、「きみはどう思う」と設計者が声をかけてくれました。そして小学生の私の意見を取り入れてくれたのです。こんなことがきっかけで、私は「将来は建築家になりたい」と小学校の作文に書くようになりました。

小学生の頃の夢をかなえた私は、一級建築士になってすでに四〇年が過ぎ、のべ一〇〇〇人以上の方の相談を受けるようになりました。

これから家を建てよう、改築（改装）しようと思うみなさんに最初にしてほしいことがあります。それは、「どういう感じのうちに住んでいると幸せか、どんな暮らしをしていたいか、どんな家族でいたいか……」という自分の価値観や家族の想いを改めてしっかり知って、見つめなおし、考えてほしいのです。

目に見える形やデザインは、どういう暮らし方をしたいかによって決まってくるからです。私は家の形の設計やデザインはもちろんしますが、特に「暮らし方を設計する」と言うことに力を入れています。いつも暮らしを作ることを前提にプランを考えています。

私が今まで打ち合わせをしてきたご家族によくある例で、ご夫婦が私の前でお互いの顔を見合わせながら驚いた表情になることがあります。

「え、きみは畳の部屋はもういらないのかい？」

「まあ、あなたは畳に寝転がってテレビを見ていたかったの？」

「本当いうとね、ベッドより布団を敷いて寝るほうが好きなんだよね」

「毎朝、布団の上げ下ろしはしたくないわ」

ささいなことに思えても、いま妻が何を考えているのか、夫がどうしたいのかをよく知らない夫婦の会話が続くことが多々あるのです。

夫婦の意見が違うことは普通なのですが、知らないことや話し合わないことが後々の問題になります。

人生の中で一番高額だと思われる住宅について意見が合わなくても、まずはこれからのお互いの希望や不安をもっと知っておいてほしいと思います。

そして、現在考えていることだけではなくて、住み始めてからの五年後一〇年後と先々を想像して、暮らし方の変化や将来の安心な暮らしについても考えてほしいのです。考えにくいかもしれませんが、家族はずっと同じ形の関係でそこで暮らしているとは限らないものだからです。

特にシニア世代の家族形態は大きく変わり、いずれひとりになってしまう可能性が年々高くなっていくものです。これからの人口減少と核家族化により、ますます中年層や高齢者の単身世帯（ひとり暮らし）が急増していくと予想されています。

「歳を重ねてからひとり暮らしになるくらいならば、老人ホームに入れば安心だ」という方もいます。

私が関わった住まいで、奥様が亡くなった後にひとり暮らしになった八〇歳男性がそう言って高級有料老人ホームに健康な状態で入りました。そのときは私もその選択は先々を考えると安心なのかもしれないと思い、資金作りのための自宅売却時の協力もしました。

　しかし男性が老人ホームに入居した後に、「ここはどこを見ても老人しかいないんだよねえ」とさびしそうに電話で話されたときはちょっとショックでした。

　考えてみれば当たり前のことなのです。しかし老人ホームに入ってから気づいた「当たり前のこと」がその後いろいろありました。

　たとえば、至れり尽くせりのサービスは最初はうらやましいくらい良いと思ったのですが、だんだん受け身の人間になっていきました。自分でお茶を入れることもなくなり、頭を使わなくても暮らしていける生活が続いて、徐々に認知症になっていきました。人は、人に頼られ、自分の手先や頭を使い続けることがいかに大切かを知ることになりました。

　親が老人ホームに入ると子供たちは少し安心しました。最初の内は、慣れるまで時々顔を出していました。しかしすっかり慣れたことに安心すると、前ほど会いに来ることもなくなってしまいました。その男性にとって、毎日同じ老人たちと一緒に暮らす日常は、変化も刺激もない生活になってしまったのです。

　自宅でひとり暮らしになったばかりの頃の男性は、きれいに掃除されたリビングでいつもおいしいコーヒーを淹れていました。ひとり分の食事は自分でまとめて作って細かく分けて冷凍していました。そんなマメに動いていた元気な姿は一年も経たないうちに見られなくなってしまいました。

これからのシニア世代に向けての国の方針は、社会保障費の増加や介護施設不足により、歳を重ねてもできる限り在宅で暮らしていてほしいというものです。

超高齢社会になった現代では、自宅でずっと安心して暮らすことをそれぞれが考えておく必要があります。単身世帯が増えていく状況の中では、介護の必要がなくても、日常の生活でも、いざというときに家族だけではなく他人とも頼り頼られる関係を築いているこ とがより重要になります。

年齢とともに家の形のバリアフリーだけではなく、心のバリアフリーがもっと大切になってきたのです。そして、家の工事のバリアフリーは出来ても、心のバリアフリーは急にはできない人がほとんどだということが現状なのです。

建築士の仕事とは

新築やリフォームをしたい人が最初から建築士に相談することはまだまだ多くありません。設計事務所に依頼に来る人は、その事務所の今まで作った家を見てデザインが好きだったからとか、紹介者から話を聞いてちょっと相談してみようと思ったから、というようなきっかけで来る人がほとんどです。

だから設計事務所に自分の価値観や暮らし方について相談してみようと思って来る人はほとんどいません。それどころか、設計事務所は工事費とは別に設計料を払うことになるので予算が高くなってしまうとか、こちらのいうことを聞いてくれないで自分の作品を作ろうとするのではないか、などと思って設計事務所には頼まないと考えている人もいるようです。

しかし設計事務所の建築士が一番重視していることは、建て主の真の幸せです。人生で一番高額かもしれない住まいの在り方で、その人やその家族の生き方や健康状態まで変わってしまう責任ある職業なのです。

建築士という仕事は、工事を請け負う建築業者とはまったく異なる立場です。施主である建築主が工事を請け負わせる建築業者に間取りやデザインへの期待を求めても、企業である建築施工業者は建築主が期待する工事費や工期を最優先します。ですから安全性への配慮や本当の幸せを考えることを怠ることもあります。

そこで国は、建築主の意識が及ばない技術領域での安全性の確保と、財産と生命と健康を守るために建築基準法を設定して、建築基準法の目的を実現するために建築士制度が作られたという経緯があります。

ですから建築士は施工会社とは別の立場で建て主の幸せのために法規を守り、建築主の生活の豊かさへの願望を受け止め、安全安心への配慮を行政の許認可とともに守っていくことが仕事なのです。

つまり、建築士が建築基準法を守りながら建て主の幸せを考えることは当たり前のことです。その上で設計には関わった建築士の個性や思いや経験が建物に大きく表れます。だからどの建築士に依頼するかで建て主の暮らし方も形もデザインも変わるのです。

私は女性建築士がまだ少なくてめずらしい時代に、一級建築士になりました。そして結婚して子供が生まれたことで、建築士としての仕事が男性と同じようにできなかった時代がありました。その間、主婦として子育てや地域に関わることで生活者としての経験を積みました。そういう積み重ねた経験が建築士ひとりひとりの個性となり設計に活かされ、建築士の強みでもあり違いにもなります。

私自身は、自分の経験だけではなく、自分が経験をしたことがないことも、多くの方からの相談を受けることによって考えさせられてきました。家族や親族がいない独身男性、障害や介護が必要な家族がいる方、お子さんのいない老夫婦など、状況が異なるいろいろな相談者の暮らしを考えることは、自分にとって大変貴重な経験となりました。

設計を進めるうえで、それぞれの相談者にとってどういう暮らし方が良いのかを考えるためには、何度も話を聞いて考えて提案を繰り返していきます。こういう時間が一番大切です。そうすることで相談者自身も自分の価値観や考え方に気づきがあり明確になっていきます。

そしてそこで私自身が感じたことや自分なりの解釈を相手に伝えることも、プロとしてとても大事だと思っています。相手に客観的意見を伝えるとき、ひとつひとつの考えにとても注意を払います。

同じ考えの人はいません。知っていることが同じ人もいません。

経験と情報量が異なると同じことに対しての受け止め方も違います。

建築士は相手の話を聞き、相手を理解し、質問することも重要な仕事になります。

たとえば——キッチンは対面式がいい、照明はオレンジ系の優しい明るい感じのものが良い。そのような具体的な希望はなぜ出てくるのかという理由を考えます。

家ではひとりの時間ではなく家族との限られたコミュニケーションの時間を大切にしたい、子供にもお手伝いをさせながら会話をしたい、蛍光灯の色より暗めの優しい光がストレスから解放される、など根本的なその理由をいろいろと考えます。言われた希望通りをすることが最良ではない場合もあるからです。

理由がわかれば、もっと良い提案が出てくることもあります。そして一緒に話し合って考えていく。設計とはそういう奥深い心理を理解しながら進めることによって、そこに本当に必要な空間を作っていくことなのです。

家族の意見がまったく異なることもよくあります。夫は成人した子供の部屋は必要ない、家のリフォームの機会に独立させたいと考えていても、妻は社会人になったばかりの子供の給料では生活は無理だから一緒に暮らせるようにしたい。子供も自分の部屋を作ってほしいという。

そのような、家族が言い合っているだけで話が平行線で進まない家族の打ち合わせでは、それぞれの話をじっくり聞いていくようにします。反論があってもそれぞれの考え方をお互いに知ることから少しずつ糸口が見つかることが多いからです。

子供のアレルギーを心配している親御さんと打ち合わせしたときに、そのお宅の家具の配置や生活品から、親自身がとても神経が繊細で、子供を守りすぎていると感じたことがありました。親御さんが今困っている話をじっくり聞いて、子育ての不安を解消するアドバイスをすることから打ち合わせをすすめたこともあります。

住まいに求められるもの

家づくりが目指すもの。それは、安心して幸せに暮らせる住まいをつくることです。

その安心な暮らしとは、危険にさらされない、安全に守られている、など器としてのハード面と、幸せを感じる、心おだやかに暮らせる、などのソフト面の双方の安心が満たされていることです。そしてデザイン・機能等とともに両立したとき、日々の暮らしが心豊かになるのです。

暮らし始めてからは、特に必要性を感じる安心はソフト面が強くなります。ストレスがなく心豊かで活力ある暮らしになるように、住まいのソフト面を考えておくことがとても必要なのです。

住まいにはその人の暮らし方が表れます。暮らし方はその人の生き方です。

住まいに合わせた生き方ではなく、自分の生き方にあった住まいにすることが大切なのです。

家開きの提案

私はこれまでさまざまな人たちの暮らしを見てきました。しかし残念ながら、プライバシーが重視されすぎている現在の日本では、一等地の立派な建物のお宅に住んでいても、話し相手はいない、食事はいつもひとりで済ます、いざというときに駆けつけてくれる人がいない、そんなシニア世代がめずらしくありません。

私が力になれなかった相談者にこんな方がいます。長い間仕事をバリバリしてきて、事業も大成功した六〇代のご夫婦。お子さんはいませんでした。都内にオフィスやマンションをいくつも持ち、広々とした庭付きの立派な住まいも建て、高級車も二台置いてありました。けれども夫の身体が日常生活も不自由になったとき、妻だけでは夫との暮らしができませんでした。敷地が広かったこともあり隣家とは離れていて話したことはないし、近くに知り合いもいなかったので、その家には誰も来ませんでした。仕方なく、夫には高級な介護施設に入ってもらい、妻はひとりでその豪邸で暮らしていました。

そんなときに夫が自宅でも暮らせるようにリフォームしたいと依頼が私に来たのでした。しかし打ち合わせをしているうちに、妻の認知症がどんどん進んでいることに私は気づきました。ずっとひとりで暮らしていて刺激もない生活だったためなのか、あっという間に普通の会話ができなくなりました。妻の友人や親族の方にも相談しながら何とかしてあげたかったけれども、時すでに遅し。夫も妻も判断能力がないためにリフォームはできなくなりました。その後は夫婦ともに施設でお世話になることになりました。

他の人からみればそのご夫婦の人生は、一見成功に見えるでしょう。しかし、仕事を除けば、よろこびが少ない人生だったようにも思えてしまいました。

「家開き」とは、自宅を活用して人とつながる暮らしをすることです。

自宅に人を受け入れることで、他者と交流し、何歳になっても自宅で楽しく生きることができる暮らし方です。

自分の家で、人とのほどよい関係を築くことによって、生きがいや楽しみを感じられる豊かな暮らしを目指します。

自宅でコミュニティをつくるだけでなく、プチ開業をしたり、シッターやヘルパーを受け入れたり、友達や親族を招くのも、「家開き」のひとつの形です。

今後、人生一〇〇年時代が到来すると、「家」で過ごす時間がますます長くなり、「家でどのように過ごすか」ということが、多くの人にとって課題になってきます。

私のまわりには、すでに人とのほどよい関係を築いて、生きがいや楽しみを感じながら豊かな暮らしを実現している人がいます。

・共通の趣味をもつ人と世代を越えて一緒に楽しむ
・定年後に得意なことを活かして、自宅で教室や施術、コンサルティングなどの開業をする
・空き部屋を活用して民泊や下宿にして新たな交流を作る
・介護を家族だけで抱え込まず、シッターやヘルパーなどの外部の力を上手に借りる
・子育てしながら、自宅で教室やサロンを自分のペースではじめる

このように、自分の家に人を受け入れ、他者との交流を図る暮らし方を、私は「家開き」

と名付けました。

　家を、食事をしたり寝るだけの場所としてとらえている人が多いのですが、閉じられたプライベートな場所だけにしておくのはもったいないことです。家を交流や仕事の場としてもっと活用することで、リスクを抑えつつ自分の興味のあることにチャレンジし、自分の可能性を広げていくことができます。

　そして「家開き」をすることが、高齢になったときに地域から孤立せず、困ったときに近所の人と助け合える関係を築いておく、将来の備えにもなるのです。

　高齢になって急に地域とのつながりをつくることはとてもむずかしいことです。家開きは年齢には関係はありませんが、歳を重ねてから急に家開きをしようと思ってもむずかしいのが現状です。子供の独立時や定年退職をきっかけに家開きを始める方が多いです。五〇代の頃からこそ、少しずつ心を開いて地域につながりを築いてほしいと思います。

　でも、そんな暮らし方がすてきだなと思っても、自分にはむずかしいと躊躇する人が多いことも確かです。しかし実際に家開きを実践している人たちに会ってみると、コミュニケーション能力が特別優れているわけでもなければ、すごいスキルを持っているというわけでもありません。自分の出来る範囲から小さく始め、少しずつ人の輪やできることを広げていく、そんな人ばかりです。まずは、沢山の人を家に呼ばなくても大丈夫。ひとりでもいいから友人を自宅に招くところから始めてみませんか？

そして、家開きはいつやめてもよいものであること、どんどん形を変えていってもよいものであることを忘れないでほしいと思います。そのときの年齢や状況に合わせて変えていき、より良くしていくことができるのです。

自宅だからこそ、自分のペースで、自分がより幸せを感じる形にすることを大切にして家開きは進化させていくものなのです。

家開きを勧めたい理由

家開きは自分を幸せにするためにするものです。家開きの目的のひとつは、将来の孤独や孤立から起こるさまざまな問題から自分や家族を守ることです。そして、他人とのつながりから新たな生きがいや楽しさを見つけ、世代を越えた互助の関係を築いていくことです。外の風を入れることによって家族だけの介護や子育てやひきこもり等の核家族化による問題を予防することも大きな目的です。だから、じつは自宅に人が来ることを目指すことではありません。自分がずっと安心して暮らしていける心の絆、人間関係をネットではなく、生の人とのふれあいから心を開いて作ることにあります。

孤独感や孤立感は人がいれば必ず解消されるというものではありません。人にかこまれていたり、SNSでつながっていても、寂しいこともあります。いつもそばに誰もいなくても、誰かに見守ってもらっていたり、気にかけてもらったり、そんな忘れられていない自分への愛を感じられることで心が温かくなる安心もあるのです。

いざというときに気楽に連絡が取り合える人、用事なんてなくてもうれしいとき、さびしいとき、ちょっと話したくなる人、困ったときにちょっと助けてくださいと言える人、そんな適度な距離間のある人との絆を作っておくことが大事なのです。人間関係の距離を必要以上に詰めず、つかず離れずの心地よい距離感ある関係が良く、それを継続的に築いていくことが大切です。

「家開き」は個人を尊重し、プライバシーを大切にし、基本的にパブリック化しないものです。「流れる水は腐らず」という言葉があるように、個人宅に外部の風（その家の住民以外の人）を取り入れることで風通しの良い、世界が広がる暮らしが実現します。人は距離が近すぎると問題がいろいろ起こります。子育てや老人介護への虐待の問題は、多くの場合、距離が近すぎる核家族の「風通しの悪い生活」から起こることが多いのです。

しかしそのような適度な距離感ある関係はすぐにできるものではありません。お互いを知って、信頼関係ができて、徐々に絆は生まれるのです。「家開き」という暮らし方は、人との絆を作りながら豊かに生きるための手段のひとつなのです。そんな人間関係ができると、まわりのみんなも自分もラクになり、人に見守られた安心な暮らしになります。

家開きを思い立ったきっかけ

家開きの底力に初めて気づいたのは、交通事故で障害をもち家から一歩も出られなくなった友人の暮らし方を考えたときからです。

住まいの形のバリアフリーを考えるだけではなく、重い障害を持った友人の心のバリアをどう開いていくか、ということを考えながら設計をしたことがきっかけでした。

出来上がった自宅を活用して自分の持っている力をフルに発揮した友人を見ていて、本当にすばらしいと思いました。心を開いて住まいを開いたことで、自分の状況を受け入れながらもたくさんの幸せを切り開いていったのです。

身体が不自由になってどこにも出られなくなっても、自宅で家族だけではない誰かと楽しい時間を一緒に過ごすことができ、それは自分のためだけではなく家族もラクになり、来る人にも役立つ家になったのです。自宅で人と人がつながること、これこそ人生一〇〇年時代の生き方だと気づかせてもらったのです。

家とは自分や家族のためのものです。だから家を自分のペースで活用することによって、リスクを抑えつつ、やりたいことに挑戦し、自分の家から新たな幸せを見つけることができるのです。子育て中に、介護中に、定年後に、副業に、何かを始めたい思ったときに、自分のルールで人生の選択肢が広がる暮らし方なのです。

家開きへの疑問と不安

現在、私は家開きを積極的に提案していますが、家開きの考え方に興味は持ってくれても、さまざまな疑問や不安を建築主からいただくことがあります。

もちろんそれは当然のことです。今までの自分の生活や考え方を変えるのは、そう簡単ではありません。

ここでは、私がよく受ける質問とその回答を述べることにします。

――どうやって人を集めるの？　知り合いが近くにいないけど集まりますか？

まずは友人など身近な人を誘い、少しずつできることを広げていきましょう。いきなり「教室やサロンを開こう！」と思うと無理があります。家開きの経験者に聞くと、友人や身近な人からはじめたと答える人がほとんどです。自分が信頼している友人、やりたいことを応援してくれそうな知り合いをひとりでもふたりでも誘って、小さくはじめることをお勧めします。

そして、参加してくれた人に感想を聞いて、やり方を改善していきましょう。身近な人で実績をつくり、その友人から友人を紹介してもらったりして、少しずつ友人を広げてもいいでしょう。

しかし人を集めることが目的ではありません。たくさん集める必要はないのです。自分が好きな人たちに、好きなときに好きなことで来てもらうことを大切にしましょう。人を集めるとなると、なんとなく「たくさんの人を集めなきゃ！」と思って、ハードルが上ってしまう人が多いようです。大人数でなくても、ひとり来てもらうだけでもいいのです。自分を入れて三人自宅に集まれば、りっぱな家開きです。

そもそも人によって、快適、楽しいと感じる人数は違います。みんなでワイワイするのが好きな人、一対一で密なコミュニケーションをとるのが好きな人、新しい人と話すことが好きな人、仲の良い人とじっくり話すのが好きな人。自分がどういうときに楽しいと感じるのか、考えてみましょう。

――初めての人とのコミュニケーションの取り方、最初のきっかけづくりがむずかしい。

話のネタを用意しておきましょう。来る人の興味のありそうな本や雑誌、または自分の好きなものや自分を知ってもらうためのものなどをあらかじめテーブルや見える場所に出しておきます。そうすると自然にその話題となり、会話がはずみやすいです。自分の趣味のものを集めたコーナーをつくっておくとオーナーの個性も伝わります。はじめは誰もが緊張しているものです。笑顔を大切に、失敗を恐れず、気軽に思いついたことから始めてみてください。

――家が狭い。片付いていない。おしゃれじゃない。人を呼べるような家じゃない

家の広さは来る人の人数に対応できれば充分です。狭い場合は人数を少なくするとか、模様替えをして家具の配置を変えたり工夫をしてみましょう。

空き部屋がなくても、時間帯で使い方を変えればいいのです。好きなときに好きなように使える自宅をもっと活用することで、余計な費用をかけず、やりたいことに気軽にチャレンジできます。たとえば、家族が出かけている昼間だけ、リビングダイニングで家開きを行えばスペースの有効活用になります。不要なものを短時間見えなくするための収納を充実させると簡単に家開きができます。

部屋の広さは来てもらう人数にもよりますが三〜四人程度でしたらふだん使っている家族テーブル等を活用してみてください。人が来ると思うといやでも片付けるものです。家開きを始めるとほとんどの人が断捨離をします。自分の生活を見直すきっかけにもなりま

す。招く人も招かれる人も、気を使いすぎないことが継続していくポイントです。

――家の整え方のポイントを教えて下さい。

①オシャレなインテリアよりも、会話のきっかけになるインテリア

サロンや教室を商売としてやっていく場合は、生活感を見せないようにし、来る人が心地よいと感じるインテリアにすることは大切です。しかし、コミュニティをつくることが目的の場合は、ショールームのようなオシャレな部屋ではかえって訪れる人も緊張してしまうことがあります。おすすめは、オーナーの人柄がわかり、会話のきっかけになるインテリアです。趣味のギターやオーディオ、お酒やコーヒーグッズなどを飾っておくと、会話の糸口になります。私は、来る人におすすめの本をさりげなく置いておくようにしています。

②椅子派か床派か

少人数の場合はふだん使っているダイニングテーブルで対応できますが、大人数の場合は、床に座る形式のほうが、フレキシブルに対応できます。来る人によっても、どちらがいいかは変わってきます。高齢で足が悪い方の場合は椅子がおすすめですが、子連れのママが来る場合は、子供の面倒を見やすい床に座る形式のほうがおすすめです。

③居場所をあちこちにつくる

ずっとひとつの場所に全員が集まっていると気づまりに感じることもあります。キッチンに手伝いにいったり、ソファに腰かけたり、あちこちに居場所があると、リラックスして楽しむ雰囲気ができます。

④見られたくないものや、壊されたくないものは事前に片付ける

家族の写真や書類など、見られたくないものや、さわられたくないものは片付けましょう。割れては困る食器も使わないようにしましょう。招く人も招かれる人もストレスなく過ごすために大切なことです。

⑤靴やコート、かばんを置くスペースを確保する

意外とかさばる、靴やコート、かばん。置いてもらうスペースをあらかじめ確保しておきましょう。コートはハンガーとコート掛けを準備しておくと良いでしょう。

――知らない人が自宅に上がることへのリスク、盗難や事故、不審者などをどう防ぐ？

自宅で行う場合は、犯罪に巻き込まれるリスクを回避するために、安心できる人だけに来てもらうことが基本です。ＳＮＳなどで知り合った初めての人や知らない人が自宅にやってくる場合の防犯面・安全面の不安は、お誘いのお知らせに住所を詳細まで明記しない

ことでほとんど解決できます。参加したいとの連絡をもらった人だけに詳細を知らせます。また紹介者を聞いておくこともよい方法です。リピーターや紹介の方を大事にしましょう。自宅内で事故が起こったときの対処法は先に考えておく必要があります。家開きの内容によっては賠償責任保険に入っておくことも必要です。車両保険の付帯サービスなども活用してチェックしておきましょう。

――ペットを飼っています。親を介護中です。それでも人を呼べますか？

ありのままの生活状況を受け入れてくれる人だけを呼びましょう！　動物や介護者がいる事情も知ってもらいましょう。理解ある人や共感してくれる人だけが来てくれます。外出が自由にならないからこそ、人に来てもらいましょう。家に居ながら、新しいつながりができたり、新しい情報が得られたりします。

――家開きはお金がかかるものですか？

家開き自体にはお金はかかりません。ただし、何をやりたいか、どうありたいかという自分がやりたいことへの準備のために費用が必要な場合はあります。よりよくしたいためにいくらかけるのかは、自分の考え方次第です。家開きは継続していくことに意味があるので、毎回自分の出費がかさむようでは継続はむずかしくなるでしょう。

——妻あるいは夫などの家族になんと説明したら良いでしょうか？

自宅で家族と暮らしている場合は家族の理解は必要です。協力してくれなくても、邪魔はされない程度の理解をしてもらえるように話をしましょう。何のためにするのか、そのことでどんなふうになりたいのかを家族に説明できるように自分自身でも思いをはっきりさせておきましょう！

家開きするうえで一番大切にすべきことは、なぜ家開きをするかを明確にしておくことです。自分が幸福感や安心感を得るためにするということを忘れないでください。人のために家開きしているのだと考えたり、面倒だとか嫌だなと思う気持ちがあるのならば、そのときはやらないほうが良いと思います。継続している途中でも、家族が反対したり自分の気持ちが変わったときは一度やめて立ち止まることも大切です。

どんな家開きも最初からうまくいくわけではありません。むしろ、人と人が関わることなので、計画通りにいかないし、やってみないとわからないことだらけなのです。開催する曜日や時間、人数、やる内容など、何が最適かはやってみないとわからない部分がありますし、そのときの自分の状況によってても変わっていきます。

家開きをしている人たちが口をそろえて言うことが、「やりながら形を変えていく」ということ。最初から完璧を目指していては、いつまでたってもスタートできません。完成度はそこそこでも、まずはやってみて、そこでこれはちょっと違うなと感じることがあったら、少しずつ軌道修正していきましょう。まずやってみないことには、「ちょっと違うな」というズレを感じることさえできません。自宅で、身近な人から小さくはじめる家開きだからこそ、失敗を恐れず、やってみたいことに挑戦してほしいと思います。うまくいかなければ辞めればいいだけのことなのです。このようなことも含めて家族には理解してもらいましょう。

――友達なんて本当にできるのですか？

自分自身が誰かの友達になりたいと思うならば、自宅に来てくれる人とは仲良くなる可能性は高いです。来てくれた人を大事にしたい、友達になりたいと思う出会いが自宅でできるということを楽しみましょう！　もちろん一回会ったら友達になれるわけではありません。継続して来てもらい、何度も会うことが大切になります。もしも将来、身体が不自由になり外出ができなくなっても、来てくれる友達がいるという安心感があれば、家族にとっても自分にとっても精神的な負担は軽減されます。

――いろいろと面倒な感じがしますが？

慣れないことを初めてするとき、誰でも面倒に感じるものです。これから新たなコミュニケーションが始まるきっかけを楽しみにできるならば、行動することが必要です。何もしなければ何も変わりません。人は歳老いていくほど、何事にも面倒になっていくものです。今日という日が一番若い自分であることを認識してください。自分だけですることが面倒と思ったら一緒に楽しんでくれそうな人の力を借りてみましょう！　人の力を借りることも楽しんでください。

――金持ちの道楽のように見えてしまいますが？

家開きはお金がなくてもできます。しかし少しの時間的余裕や心の余裕がないと家開きを継続していくことはむずかしいでしょう。自宅を活用して、リスクを抑えて無駄な費用を使わないことが大切です。家開きは継続していくことに意味があるからです。お金をかけなければ継続できないようなものにしてはいけません。自分の好きなことを好きな人とともにすることは、お金には変えられない幸せです。

――人とつながるってそんなに必要なことなのですか？

人生一〇〇年時代、しかも核家族化している今、意識して身近な他人とのつながりを築いておくことは将来への安心につながります。孤立孤独化が進んで単身世帯が増えている現在、世代を越えて助け合える関係を築く人とのつながりはますます必要になります。人は心身ともに元気なときはひとりでも生きていけると思います。しかし歳を重ねたり、ひとりで行き詰まったり、家族に問題がおきたり、病気をしたときなど、ひとりだけではどうにもがんばれないときがあります。信頼でき、頼れる人は急にはできません。

――「家開き」には基準はあるのですか？

家開きは自宅に人を受け入れ、人や社会と積極的につながる行動です。人を自宅に受け入れる気持ちを持って行動することが定義になります。特に基準というものはありません。しかし、家開きは人に家を活用してもらうものではなく、人が来ることで自分が幸せを感じるものにしなければなりません。部屋を一回だけレンタルしたり、ただお部屋貸ししていることで利益を得ることだけを考えているならばそれは家開きではありません。

民泊や下宿も家開きのひとつですが、民泊で収益を得るだけでは、それは本当の意味の家開きではありません。単なる事業です。民泊された方と関わり、民泊してくれた人がいたことで自分が幸せになると感じたら、それは家開きをしていることになります。家開きが目指すものは人と人との関わりであり、絆を作ることだからです。

――そもそも家でやりたいことが思いつかないし、特に趣味もないのですが？

家開きの目的は人との信頼関係を継続的に築くことです。そのきっかけとして趣味や、やりたいことが共通の人とつながりやすいのです。自分自身ではなく友人がやりたいことを応援したり、先生を呼んで学んだりして自宅を活用することで新たなコミュニティを作る家開きもできます。

――仕事や子育てで忙しくて、家開きをする余裕がありません。

忙しいからこそ、人の力を活用して時間的な余裕を作ってください。ベビーシッターや近所の年配者と信頼関係を築き、それで互助の関係を作れたら、りっぱな家開きです。家事を手伝ってくれるサポーターや子供と遊んでくれる学生など、自分がラクになる人を受け入れる家開きを考えることをお勧めします。

――準備や片づけが大変そうに思えます。

最初は慣れないこともあり、大変に思えるかもしれません。無理をしないで小さく始めてください。なんでも自分でやらないで他人に準備や片付けを簡単に任せられるように、工夫すること自体を楽しむくらいの気持ちを持てると長続きします。

盛り上がるコミュニティをつくるコツは、来る人をお客さん扱いしないことです。お茶を出してあげる、相手に何かを教えてあげる、コートをハンガーにかけてあげる……ひとつひとつは悪いことではないのですが、「一方的に何かをしてあげる」ことばかりになってしまうと、来る人は受け身になってしまいます。

コミュニティを盛り上げていくためには、みんなで楽しみ、みんなで何をするか考え、みんなで準備する――そういう場所を一緒につくっていくことが大切です。来る人にも行動してもらい、双方向のコミュニケーションをとるということを意識してみましょう。

――どうやって継続していけばよいのですか？　一度家開きしてみたけれど、続かない。続けるための工夫を教えてほしいです。

続かなかった理由はなんでしょうか？　その理由を改善していくことが大事です。

好きなことを好きな人と好きなときにするということを意識してください。好きなことができなかったのですか？　好きな人ではない人が来たのですか？　家族がいる時間帯に開催してうまくいかなかったのですか？　どこかに無理がありませんでしたか？　自宅ですから少しずつ軌道修正して何度でも再挑戦してみてください。

――社交的な人がやるものじゃないのですか？

社交的で、すでに地域のさまざまなコミュニティに参加している人でも、自宅での家開きは躊躇するようです。自分の得意なことで教室やサロンを開きたい！　人を集めて小さなイベントを開いたら面白いかも！　そんな想いがあっても、人を集める自信がないし、ひとりで仕切るのは面倒だと考えているうちに、まあいいかとあきらめてしまう人がほとんどなのです。家開きをしている人はきっと社交的で行動力がある人たちだろうし、自分には無理だと思う人も多いようです。

しかし、意外にも家開きをしている人たちは、特別に社交的で行動力がある人ではなく、いわゆる普通の人たちです。社交的ではない方こそ始めてほしいのです。友達の輪に入れない方、同年代だけのお付き合いの方、家族だけとしか関わらない方、そんな人こそ先々の安心のために家開きしてほしいのです。

――儲かりますか？　何か得になりますか？

家開きの最終目的は人と信頼関係でつながることです。利益を追求することを一番の目的にすると継続はむずかしいことも多いのです。しかし仕事として家開きすることも可能です。社会で必要としている場所として自宅を活用して利益を得ることができます。たとえば小学生の放課後の勉強部屋として貸したり、老人の憩いの場として利用料を取って貸すことも可能です。自分が社会の役に立てる場として自宅を活用することで地域とのつながりがうまれることもあります。

――外部で教室やイベントを開いているけど、わざわざ家でやることのメリットは？

一番は借りる費用がかからないことです。また売上があるならば家賃や光熱費を必要経費として計上できます。「わが家は狭いし、片付いてないし、外部で借りたほうが気もラクだ」と思う人もいるかもしれません。しかし、多くの人にとって人生で一番高い買い物は家です。その家を活用しないなんて、もったいないとは思いませんか？

以前、３ＬＤＫのマンションに住む主婦の方が、外に店舗を借りてマッサージのサロンを開いていました。家には夜帰るだけでした。その方に「数千万円出して買った家を昼間誰も使わずに空けておくって、もったいないんじゃないかしら？」と言ったところ、その方はハッと気づいたようで、店舗を引き払いました。自宅をリフォームしてマッサージサロンを開くことにしたのです。もちろん、形態や人が来る人数によっては外のスペースを借りたほうが理にかなっている場合もあります。でも今の日本では、多くの人が「家＝生活の場」としてしか思っておらず、それ以外のことに活用するという発想をなぜかしません。もったいない。

――家開きでコミュニティをつくることのメリットはなんですか？

自分ひとりで好きなことをやって得られる満足感よりも、人とのつながりを通して得られる豊かさのほうがはるかに大きいのです。

たしかに、コミュニティをつくるって面倒です。何をするか考えて、人を誘って、段取りを考えて、家を片付けて、準備して……と、けっこうな労力を使います。ふつうに考えれば、ひとりで趣味を楽しむほうが楽です。でも、コミュニティをつくるということは、つぎこむ労力以上に、しかも予想を超えて得られるものがあります。

たとえば、

・今まで付き合っていた人とは違う、新しいつながりができる（人脈）
・新しい情報が得られ、視野が広がる（知識）

・人の役にたって、人から感謝される（信頼、自分の自信にもなる）

お金や不動産といった目に見える資産＝有形資産に対して、これらの目に見えない無形資産によって、人生をより豊かに生きることができます。人脈、知識、信頼があれば、有形資産をさらに生みだすことにもつながります。もしも将来外出できなくなっても、自宅で無形資産を築いていけるのです。

家開きは「心を開く」こと

人生一〇〇年といわれるこれからの時代、高齢になっても自宅にずっと住み続けられるよう準備しておく必要があります。

こう書くと、高齢になっても住み続けられる家とは、バリアフリーなどに配慮した新築やリフォームのこと、つまりハードの部分を何とかしようと考えがちです。

しかし、これまで建築士としてさまざまな人たちの暮らしを見てきて感じることは、身体が衰え、外出がむずかしくなってきたときに備えとして、ハードだけではなく心のソフトのバリアフリーの準備がとても大切だということです。自宅に人を受け入れてコミュニケーションをとったり、他人からのサポートを受けられるよう、自分の心を開いておくことがとても重要だということです。

大がかりな工事などしなくても、模様替えや雰囲気作りでも人を受け入れられる住まいはできます。人を受け入れる心さえあれば、おひとりさまであっても、最期まで自宅で自分らしく暮らすことができるのです。

「家開き」の本当の目的は、家でサロンや教室を開くことではありません。心を開くことです。将来の安心のために人とつながる人間関係への投資のようなものなのです。

子育てや介護で行き詰まったとき、子供がひきこもりになったとき、ひとり暮らしになり外出が困難になったとき、あなたは「私はこんなことで困っています。助けてほしい！」と外部の人に言えますか？　気がついた今この瞬間から、自分にできる範囲でかまわないので、自分のために「家開き」をはじめることが、将来の安心でしあわせな暮らしにつながります。

自分の家を自分にとって一番居心地が良いところにしよう――そう思い、人を受け入れる心を開き、慣れていくことなのです。

2章からは、私が建築士として働くなかから知ることができた、家開きをした方たちの具体例を物語ふうにつづります。性別も年代もさまざまです。家開きは、ある特定の層の人たちだけがするものではありません。それぞれの家の、それぞれの家開きの物語があります。そんなことを感じとっていただければうれしいです。

2　障害で家から出られなくなった！　四〇代子育てママ

人が集まる家で幸せな生涯を送る

東条道子の家開き

「歩けなくなったの……みんなうちに来て！」

そう言って自宅に人に来てもらっているのは東条道子。交通事故で重度障害を負い、ひとりでは外出はまったくできない。車椅子生活はすでに一二年目。だが彼女の家にはいつもたくさんの知人や友人が気楽に立ち寄る。

「こんちはー。ちょっと寄らせてもらっていいかな？」

ある日の午後、インターホンが鳴ると聞き覚えのある声が二階のリビングに響きわたった。声の主は、この家を建ててくれた工務店の営業担当の木村。道子はインターホンのモニターを確認して、一階玄関の自動ドアを解錠する。とんとんとん……自分でスリッパを出して二階に上がってくる木村のリズミカルな足音が静かな家の中に響く。

木村は特に用事はないのだと道子にはわかっている。いつものことだ。

「お茶飲んでって」

「ありがとうございます」

木村は慣れた手つきで自分と道子の緑茶を淹れ、持ってきた和菓子を差し出した。最近の仕事のようすや近所の世間話をして、ちょっと休んでから帰っていった。東条家の二階のリビングは今ではセルフサービスの喫茶店のようだ。それも無料の。とはいえほとんどの客は何か持ってきてくれる。道子がよろこぶようなお菓子、そしてちょっとした話題をみやげに。

大した用事があるわけではない。客は道子とただ話をしたくてやってくる。姉御肌の道子は何でもはっきり意見を言う。道子の言葉にはっぱをかけて、少し元気になって帰っていくのだ。長居はしない。

車椅子に座ったままの不自由な身体だが、道子は客に元気のない顔を見せたりはしない。よく笑い、よくしゃべる道子は、みんなから頼りにされる存在だ。

道子は五人家族。サラリーマンの夫、短大に通う長女、高校三年と一年の兄と弟。四〇代の夫は働き盛り。子供たちは学校にクラブ活動にと、自分たちの生活でそれぞれ忙しい。

家族の誰も彼女のことなど気にしていないように見える。

道子は普通の主婦と同じように家事すべてを車椅子に乗りながらこなしている。ひとりで外には出られないが、いきいきと暮らしている。自分が希望していた通りに設計してもらった自宅をフル活用していろいろな人に来てもらって、自分がやりたいことになんにでも挑戦しているのだった。

家族だけで助け合っている暮らし

道子が交通事故にあったのは三一歳のとき、子供たちが六歳、四歳、二歳のときだった。上場企業の秘書として働くキャリアウーマンの彼女は毎朝バイクで通勤していた。同い年の夫とは中学時代からの仲良しグループのメンバーだった。信念と決断力があり、しっかり者の道子はグズグズした人が苦手。夫が出勤した後、ひとりで子供三人を保育園に預けた朝、いつも通り颯爽とバイクで会社に向かった。しかし、途中いつもの道が通行止めになっていた。仕方なく急いでまわり道をした。そして乗用車との追突事故にあってしまった。

なんでも自分で決めて行動力のあった道子が、まったく何もできなくなった。三人の子育て真っ最中の彼女が、突然、歩くことができなくなったどころか、手も使えない、座ることさえもできない寝たきりの身体となってしまったのだ。

その日、夫の徹は社員旅行だった。

朝はいつもと同じように家族より先に家を出た。貸切の観光バスは会津若松に向かっていた。宿に着くなり、「すぐご自宅に電話してください」と宿の人から言われた。手配してくれたタクシーで近くの駅まで行き、電車に飛び乗る。携帯電話もない時代だ。事故にあったという以上のことは何もわからなかった。電車がやけに遅く感じられる。不安と心配で何も考えられなかった。

突然の出来事から、道子のとても悲しく辛い入院生活が始まった。

意識はしっかりしていたが、自分では何もできない。誰かが来るのをいつも待っていた。飲みものを買ってきてもらっても自分ひとりでは飲むことすらできない。できることは病室の天井を見つめることだけ。横を見ることさえできなかった。

入院してからは、子供とはまったく会えなくなってしまった。

「私はどうなってしまうの。早く家に帰りたい。子供たちに会いたい」

そう思うが、複雑な装置が体中に取り付けられている姿を、幼い子供たちに見せたくないとも思う。

毎夜、夫の徹は「ママ、ママ」と泣く三人の子供と一緒のベッドに入った。子供の泣き声につられて徹も泣いた。どうしようもない悲しみと不安で眠れない毎日だった。

突然の大きな不幸を考えれば考えるほど、徹は辛くて耐えられなかった。目の前のこの子たちを自分が何とか育てなければいけないとわかっているのだが、ひたすら悲しく落ち込むばかりの日々が続いた。

道子の入院生活は一年はかかると医者に言われた。徹は、道子が今の家で暮らすことは無理だと思った。親族にも相談したうえで、今までの家を解体して障害者が暮らせる家に新しく建て直そうと、徹の友人の工務店に相談した。

徹は、障害を負った道子がこれから自宅で生活していくうえで必要と思われる、専用介助機能の機器をすべて取り付けることに決めた。

三階建鉄骨造の丈夫で立派な一戸建てが、事故から二年後に建った。

道子のことを一番に考えて、とにかく退院してきても困らないようにと、徹が考えられる限りのことを準備した家になった。いわゆるバリアフリーを徹底し、すべて車椅子仕様である。ほとんどの壁に手すりが付けられた。トイレも洗面所も、すべて最新の設備にした。

退院して自宅に戻ると、道子はそれらを使いこなせるように懸命に努力した。だんだんと慣れていき、しばらくすると道子はその新しい家で日中はなんとかひとりでも過ごせるようになった。朝、徹が子供たちを保育園や小学校に連れていきそのまま仕事に行ってしまったら、あとはずっとリビングにいて家族の帰りを待つ生活になった。来る人と言えば、手伝いに来る実母や親族ぐらい。道子自身も少しずつ家事はできるようになっていったが、ひとつひとつにとても時間がかかった。

だが道子は、家族と一緒にまた暮らせているだけでも本当に幸せだと思った。できないことは仕方がない。母として妻として今できることは自分が笑顔でいることだ。

外に雨が降ってきた気配を感じながらも朝に家族がバルコニーに干していった洗濯物を取り込めず、濡れていく窓の景色をただじっと見つめるしかない生活を、道子は送った。

未来を変えるきっかけはコミュニティから

そんな生活が一〇年近く続いたある日、子供の保育園時代のママ友たちが集まるという連絡が旧友からきた。

保育園時代の同じクラスのママ友はまだみんな仕事を続けていて相変わらず多忙だったが、子供たちが高校生になって少し時間的な余裕もできたので、久しぶりにクラスのママ全員で外で食事をしようという誘いだった。道子が事故にあったことは知っていてもその後のことをくわしく知っている人は誰もいない。だからもう元気に外で一緒に食事ができるものと思っていたようだ。

みんなとは事故後一度もあっていない。会いたい。けれど外出は夫に抱えてもらわなければできない……。道子は返事を保留にしていた。

道子から返事がないことを心配したママ友のひとり、井上薫が道子に電話をくれた。薫は子供が幼児になってから他の園から転園してきたので、その保育園では新米ママだった。道子は三人の子供をそれぞれ産後すぐに保育園に入れたベテランママ。ただし顔を合わせることはあまりなく、ふたりはほとんど話したことはなかった。

そんなふたりだったが、道子は久しぶりのママ友からの電話がうれしく、正直に自分の今の状態と気持ちを薫に話した。車椅子が入るお店しか行かれないこと。夫がいないと動けないこと。自分のためにみんなに迷惑はかけたくないこと。

薫は道子が事故にあったことは知っていたがくわしいことは何も知らなかった。知らなかったとはいえ、道子がほかのママ友に遠慮していることを申し訳なく思った。薫はお店選びを再考した。しかし車椅子が入り一〇人集まれる近所のお店は見つからなかった。

薫はみんなを自分の家に招くことに決めたのだ。

新たな暮らし方のヒント

薫の住まいはＪＲの駅に近い大規模なタワーマンションの一戸だった。建築士の薫は、ここをすでに数回リフォームしている。もともと来客も多かったので人を招くことには慣れていた薫だったが、車椅子を入れることは初めてだった。徹が道子を玄関まで連れてきて、薫が玄関から一番奥のリビングまで車椅子を押した。思ったより重い。ほんの小さな段差にも車輪がつっかかる。道子の車椅子を押すことで、薫は初めて道子の障害の重さを実感したのだった。

薫の家に初めて入った道子は驚いた。六階南東の角部屋で二面が窓になっているのでとにかく明るい。目の前にいきなり広い空が見える大きな窓ガラスのリビングだった。久しぶりにたくさんの人と会話する楽しさに道子の心はワクワクしてきた。

「道子さん、あれからそんなに長く入院していたの？」

「子育てはどうしていたの？」

「今はどうしているの？」

みんなから質問攻めにあった。道子はいろいろな苦労話を笑顔で元気に話した。事故の話。徹が家を建て替えてくれた話。子育ての話。みんなと過ごした三時間ほどの時間はあっという間に過ぎていった。

「帰りたくない、もっとみんなと一緒にいたい。話したい」

そう思っていたが、徹が迎えに来てくれる約束の時間があった。

「もっとゆっくりしていって」

自分の家だから時間に制限はないと薫が気づかって言ってくれた。しかし道子は自分につけられている医療機器の関係で、もう自宅に戻らなければならない。

チャイムがなった。徹が迎えに来たのだ。道子は窓の向こうの景色とこの部屋を目に焼き付けるようにぐるっと見まわす。みんなと一緒にいる時間も楽しかったけれど、薫の家のこのリビングはとっても居心地が良かった。四人家族で暮らすのにちょうどいい、特別広いわけでもない普通のマンション。きょうのように一〇人も集まればさすがに余裕はなくなるが、狭いという感覚はない。薫がふたたび玄関まで車椅子を押し、道子はみんなより先に帰っていった。

新しい家を建てたい!

「私もああいう明るい家に住みたい!」

帰りの車の中、道子は夢中で徹に薫の家の話をした。

「あんな家で暮らしたら楽しいだろうなあ。ああやってみんなが家にも来てくれたらいいよねえ」

道子は自分が薫の家で暮らしているような気分になったのか、食事は何がいいか、お茶はどれにしようか、などと空想しては徹に大きな声で話しかける。

ワンボックスカーの後ろの座席に座って楽しそうに話している道子の姿をミラーを通して見ながら、徹は黙って運転した。徹はもともと車やバイクが好きで、特にスポーツカーが好きだった（道子がバイクを運転することにも反対しなかった）。しかし事故があってからは、車椅子が積めて、道子を抱えて座らせられる大型のワンボックスカーを運転するようになっていた。でも徹は我慢をしたとは思っていない。ワンボックスカーには、スポーツカーでは得られない家族の絆というおだやかな幸せがあった。

いつになくはしゃぐ道子をミラーで見ながら、徹は思った――こんなにも我慢をさせていたのか……。事故後の夫としての対応が間違っていたとは思わないが、妻のはじけるような笑顔が、道子のかわいそうな状況が今も本当には解決していないことを逆に物語っているように思えてならなかった。徹は自分を不甲斐なく感じると同時に、少し悲しい気持ちだった。

数日後、朝食が済むと道子は徹にいきなり言った。

「私、新しい家を作りたい。薫さんのような家で暮らしたいの。もう一度家を建ててもいいかしら?」

驚く徹。しかし道子の気持ちはすぐにわかった。

「そう……建てたいんだね……とにかく、いちど薫さんに相談してみよう」徹は道子に笑顔でそう言った。

「ほんとに?　ほんとにほんとに?」

道子はもううれしくて仕方がない。どんどん夢が広がっていく。「まずは土地を探さなくちゃ!」さっそく次の土地を探すことを考えはじめた。

「今の家は立派だけれども、新たなスタートをしたいからほかの土地に引っ越したい。この家は売りましょう!」

自分の思いをどんどん具体化し始めた。徹が出勤すると、さっそく薫に電話をした。

「薫さん?　今すぐじゃないけど、これから土地を買うから、土地を買ったら私のために家を建ててくれないかしら?」

突然の道子からの電話に薫は驚いた。そして、もっとくわしい話を聞きたいと思って初めて道子の家に行くことにした。

バリアフリーの家

道子の家はちょっと奥まった密集した住宅地の中でひときわ立派な家だった。

インターホンを押してしばらくすると、道子が車椅子に乗って玄関まで来た。幅が広くとても大きな玄関扉を横に引いて中に入ると、そこには外用の車椅子が所狭しと置いてあった。一階は寝室と浴室とトイレ。二階がリビングだというのでエレベーターで一緒に二階に行く。

全体がこげ茶色の扉や家具で統一されていて、窓もほとんどが曇りガラスだ。落ち着いてはいるが、薄暗い家のようにも薫には感じられた。バルコニーの外には大量の洗濯物が干してある。ふたりの男の子が野球をしているとのこと。外からの光を洗濯物が遮っているせいもあるかもしれない。

リビングからは明るい木目調のシステムキッチンがすぐ見えた。上下に動く身障者専用のものだ。だがシステムキッチンの色は家全体のトーンのこげ茶とは異なり、とてもアンバランスに感じた。

「この色しか選べなかったのよ。私が使えるシステムキッチンはこれしかなかったの。ほんと、選べるものが少なくて……」

薫が台所全体をながめていると、道子は言い訳をするように笑いながら言った。

「洗濯機は低いところにあるのよ」

車椅子でも洗濯機の中が覗けるように洗濯機の床がとても低い位置にあった。

「この窓、私は閉められないの」

その窓の鍵は車椅子からでは届かないちょっと高い位置にあった。

道子のための気づかいが家中にされていることは一見してすぐにわかった。費用もかなりかかっているはずだ。徹が道子を大切に思う気持ちが伝わってくる。だが――率直に言って普通の家とは言いがたい雰囲気があった。病院でしか見かけないような設備が家中にある。それらは健常者にも使えるものだ。だが、トイレの形やキッチンの作りなど、違和感をまったく感じないかと聞かれれば、感じないとは言えないようなものだった。

道子に聞くと、障害者用の機器類はたしかに道子にも使えるが、ひとつひとつの作りは道子にはとても操作しづらいものだと言う。でも徹が自分のために造ってくれた家だから、と道子は感謝の言葉を忘れない。

その後、薫は道子の家を何回も訪問した。何度も話し合いをして、道子の困っていることを確認しあった。「こんなことができたらいい」という道子の夢をひとつひとつ聞き、道子の理想の暮らしのイメージを具体化しようと努力した。

薫は、初めての世界に驚いていた。

こんなことで困っているんだ。こんなことで危ない思いをしているんだ。

道子の話を聞きながら、薫も道子の夢を一緒にみているような気がしてきて、とても楽しくなってきた。

そんなある日、道子から電話がかかってきた。

「いい土地が見つかったの。今度一緒に見に行ってくれないかしら？」

薫はまずは同行することにした。小学校の校庭の目の前で南側道路の幅が広く、形も良い土地だった。工事は地元の決まった工務店でするという条件が付いていが、大きな問題はなさそうだった。

いよいよ道子の夢をかなえるときが来た。

どういう暮らしがしたいかをより細かく具体化する

道子の希望を盛り込んだ家づくりがいよいよスタートする。道子の一番の希望は、「障害者がいるということがわからない家にしてほしい」ということだった。今まで道子は、障害者のために作られた設備にかこまれて暮らしてきた。自分が障害者であることをずっと意識させられてきた。だが薫の家に行ったとき、自分はみんなと同じように笑い、しゃべった。自分に障害があったことを忘れられた。どんなに身体が不自由でも心は自由でありたい、と道子はずっと思ってきた。道子は、自分が障害者であることを可能なかぎり忘れさせてくれるような家に住みたいと思った。そして、もし自分の家に誰かが来てくれるのならばその人にも、そこが障害者の家であることなどを意識させない、普通にくつろげる空間であってほしいと願ったのである。

薫は、この道子の希望にできるだけ添いたいと思った。そのためには、構造や部材から小さな機器にいたるまで、すべてのものを機能はもちろん操作性や雰囲気にいたるまで、ひとつひとつ確かめる必要があった。徹と道子と薫は毎週末、車でいろいろな建築関係のショールームに行った。実際のものをさわってこまかいところまで確認し、イメージする。出かけるたびにレストランで食事をし、話し合いを重ねた。道子にとって、そんな毎週の外出は新たな世界を発見する連続だった。すべての設計がほとんど決まった頃、「これでお終いなのね、もう一度ショールームめぐりをしたい気分よ」と道子は笑った。

事故から一二年後、道子の希望をかなえた新しい家ができた。白とクリームを基調とした、内部も外部も見るからに明るい住まい。大企業の秘書をしていたキャリアウーマンで、もともとてもおしゃれだった道子好みの輸入タイルやカーテン。道子ワールドの完成だ。

家の中には見た目ではちょっと気付かない車椅子仕様のさまざまな工夫があった。

・自分でカギをはずせ、開け閉めできる窓
・車椅子に乗ったままでも簡単にさしこめるコンセント
・煙を出さずに焼ける魚焼器
・すべてのドアから取り出しやすい冷蔵庫
・開け閉めしやすいカーテン
・洗濯物はもちろんふとんも車椅子で干せ、取り込めるバルコニー
・中で車椅子の向きを変えられるトイレ
・突然の届け物にもすぐに出られる玄関
・ガラスがわれても安全に掃除できる床

などなど。今までの家は、健常者なら家の中で当たり前にやっているようなことが車椅子ではできなかったり、ひどく時間がかかったりした。薫は道子がそんな当たり前のことを当たり前にできる家を設計した。薫にとっても、道子の家の設計はとても勉強になった。こんなにも不自由で思うようにならないことがたくさんあったのだということを教えてもらった。小さなことへの配慮が山ほど施された住まいになった。

新しい暮らし方の始まり

新しい家が完成してからというもの、道子は積極的に自宅に友達を招いた。「うちに来てね」が口癖になった。

あまり動かなかった両手の指も薬指と小指だけはよく動くようになってきた。薫は道子にパソコンを勧めた。「絶対に無理よ」と言っていた道子だったが、自宅にパソコンの先生に来てもらってからはどんどんやるようになった。

道子の毎日はとても忙しくなった。

ピアノの伴奏者に来てもらって何人もの人と合唱の練習。

絵画の先生に来てもらって作品展に出す絵のレッスン。

パソコンで交流した人を招いて自宅で食事会。

来客に見てもらうため、そして家をすてきに保つために定期的に生花を活け替える。

自分好みの家を建てた道子は、好きなこと、今までやりたかったことを一気にやろうとしているかのようだった。

道子は韓国の男性歌手のファンになり、インターネットの翻訳機能を活用しながら、韓国人のファンクラブ会員ともメールで連絡を取り合うようになった。とうとう韓国からの旅行客まで道子の家に来るようになった。そのうちの何人かは何度も道子の家に来て、この家の使い方を完璧にマスターするまでになる。道子の娘が韓国語を自然に覚え、居ながらにして一家で国際交流まで楽しむようになった。

自分だけでできることが増え、また定期的に来てくれていた実母の負担を減らしたい思いもあり、道子は家事労働も積極的にこなした。そんな生活が道子のさまざまな筋力や運動能力を鍛えたのだろう、定期的に行っている病院の先生からもあまりの回復の良さに驚かれた。「病院のリハビリ施設のときよりすごく良い数値結果だね」病院内で発行しているフリーペーパーから「家を見せてもらえませんか」と取材を打診されたこともある。

「家中どこでも動きまわれるようになって、実際に動くものだから、ほんとはとっても疲れるのよ」と道子は笑いながら薫に言った。

とはいえ道子がうまくできないことや時間がかかることはまだまだあった。食事の支度でお皿を並べることや洗濯物を干したりたたんだりと、多少動く薬指と小指だけではどうしても時間がかかる。そんな道子が落ち込んでいても、徹はあえて自分からは声をかけなかった。彼女の持っている力を信じたかったのだ。何もできない妻をかわいそうだと扱わず、あえて普通の夫がする以上に亭主関白を貫いた。「本当に徹は何も助けてくれないんだから」と薫に愚痴をこぼすこともあった。薫も「ひどいわね」と道子に同情したくなったこともあった。
でもその結果、道子は本来の負けず嫌いの強さと決断力を取り戻し、なりたい自分の姿を目指して自分流の本当の幸せを自分自身で築いていったのだった。

薫からのアドバイス

◉困ったときは「助けてほしい」「手伝って」と勇気を出して言おう

自分ひとりでなんでも抱えてがんばることは、一見かっこよく見えるかもしれない。でも本当は、それが言える勇気や行動力がなかったりするだけかもしれない。あるいは、人に任せても自分の思い通りにならなくなる不安や心配から、なんでも自分でやろうとするのかもしれない。だからある意味では、弱い人間なのだと思う。

「助けてほしい」と人に言うことは、カッコ悪い、恥ずかしい、みじめだ、どう思われるのだろう、などと考え、人の目や考えを基準にして自分の行動を選択していては、自分の本当の幸せは感じられない。

特に自分を強く見せたいと思う人や、立場上そんなことは言いにくいと思っている人は、歳を重ねてからはますます人の助けを求められないことが多い。

「人には頼りたくない」「頼ることはカッコ悪い」「人に頼ることは迷惑をかけること」と思っている人は、じつは自分の力に自信がない。本当に自分に自信がある強い人は、人の世話になることを恐れない。感謝の気持ちと気配りとともに人を頼ることは、とても大切だ。それに、頼むことでまわりにも満足感を与えることさえある。

人に頼ることができる――それは大事な能力だ。相手を信用し、敬うことができるから人は人に頼めるのである。（自分への甘えからではなく）自分にはできない、無理だと思えることは、ならばできる人に任せようという判断に行き着くはず。そういう判断力は急には身につけられない。困ってからでは間に合わないこともある。かたくなになってからではむずかしい。慣れが必要だ。

ただし、人に頼ることが上手な人と下手な人がいることも確かだ。そしてその関わり方やタイミングで思い通りにならないこともある。言葉のかけ方ひとつで相手の気持ちが動いてくれるかどうかは、日頃からその言葉を使っていなければ急には出てこない。だから人の力を借りることに、ふだんから慣れていなければいけない。

人の力を借りること、他人を受け入れることに慣れることは自分に素直になることであり、自分がラクに生きられ、人のためにもなる。できないこと、苦手なことは誰にでもある。みんなでわかちあって生きていけばいい。老いてからではなく老いないうちから、障害があってもなくても、早めに他人に頼ることに慣れておくことはコミュニケーション能力のひとつでもあり、生きていくための知恵だ。

そして、いつも自分をわかってくれている家族だけに頼ることは、家族にとっては負担が大きいし、ときには迷惑だ。家族だけでは限界がある。他人に任せること、頼ることに慣れるためには、他人に来てもらいやすい小さな家開きからはじめてみよう。

子育ても介護も家族だけでしない！　人に任せることによっていろいろな知恵や楽しさも生まれてくる。誰かに頼んでうまくいかなければ別の誰かに再度頼むことはできるが、家族は変えられないのだから。

家開きを続けていくための費用

薫は不思議に思っていた。道子がこんなに好きなことがいっぱいできるのにはお金もいっぱいかかるはずだ。道子はいったいどうしているのだろう、と。

設計しているときにも家づくりの資金の話は何度も打ち合わせをしていた。既存の家を売却するとはいえ新たな土地の購入資金に新築のためのローン、子供三人の教育費のこともある。不動産や銀行のプロとも家を作るにあたってのマネープランの打ち合わせをしていた。

新しい家には賃貸部分も併用して作り、定期的な家賃収入も入るように設計した。幸いにも新築したときから教員夫婦が部屋を借りてくれたが、一般的には賃貸併用案は工事面積が広くなり、費用もかさむ。

それにしても道子はどんどんやりたいことをするので心配してしまう。

「私はね、事故にあったから保険とかの収入が入ってくるの。もしもこの収入がなかったら、私は家族に負担をかけるだけの存在になっただろうし、きっと心苦しく暮らしていたと思う。障害を負ったぶん、継続的な収入はあるの」道子は、自分のやりたいことを堂々と家族に主張できるのは自分に収入があるからだと言う。道子の事故は通勤途中で起きた。三一歳で大手企業に勤務していたときであり、労災と認定された。それなりの障害者年金等も入ってくる。自分で保険にも入っていた。こうしたお金はとても大切なのだと話してくれた。

「つまり、私は生きてるだけでけっこう稼いでるってわけ！」と道子は冗談を言って笑った。そして、このお金があったから自分も家族も暮らしてこれた、と言う。「でもこういう身体はね、たぶん長生きはできないのよ」だから今、やりたかったことはなんでもやっておきたい、と言いたいようでもあった。

家族との幸せな別れ

道子は大好きな家で五年間、思い切り自分の人生を楽しんだ。

葬儀が行われたのは真夏の雲ひとつない暑い日。

リビングから晴れた空を見上げることが大好きだった道子にふさわしい、そんな日だった。

通夜の参列者は四〇〇人を越えた。学生服を着たまま急いで来た若者。小さな子供を連れた女性。保育園のときのママ友。韓国の友人。コーラスの先生……。こんなにも多くの老若男女が集まり、道子との突然の別れを偲んで惜しんでいる。

事故後は家事以外の仕事をしていたわけでもなく、自宅で過した日々がほとんどだった。それでも道子を中心にこれだけの人がつながっていたのだ。

「道子のこの五年間は本当に幸せだった」徹がポツリと言った。

生前の道子の口癖は「彩ある人生を送ろうよ」だった。

道子の子供たちも「母は本当にすばらしかった」と、母の偉大さを誇らしげに口にした。

心を開いて住まいを開くとこんなにも人と人はつながれる。人生を楽しむことができる。

そのことを彼女は教えてくれた。

東条家の家　その後

道子が亡くなってから一〇年が過ぎた。

子供たち三人はそれぞれ家庭を持った。道子が多くの友人たちと過ごしたリビングには徹がひとりで暮らしていた。徹は五七歳になり、この広い我が家をどうしようかと考えていた。

そんなとき、この家を欲しいという家族が現れた。家族に障害者はいなかったがこの家を気に入り、特に改装はせずにこのまま健常者の家族四人で暮らしたいと言う。賃貸部分は自分の起業のオフィスに使いたいとのこと。誰でも住めるユニバーサル住宅にしておいたことが次の住民にも役に立ったのだ。

徹は、息子家族が住むマンションの近くにひとりで暮らせるマンションに越していった。

薫からのアドバイス

●住まいの環境が生き方を変える

道子が障害者用の機器にかこまれて暮らしていたとき、自分が障害者であることを強く意識しながら生きていたように、住まいという環境は、人の心身の健康や生き方を大きな影響を与える。人は置かれた環境によって習慣も考え方も影響を受けるのである。

たとえば、病院に入院していれば自分は病人だということを強く意識させられる。老人介護施設で暮らしていれば自分は老人なのだと思う。

だからこそ、どんな環境で日々を過ごすかはとても重要だ。家のあり方で毎日の生活習慣が形作られる部分はかなり多い。そして、その習慣の積み重ねがその人の生き方にも影響をおよぼす。住まいは人の生き方をも左右する。

自分はどんな暮らしをしたいのか、どんな環境で、どんなことを習慣にしながら生活したいのか——目指すべき暮らしを考え、イメージするのはとても大切なこと。そうすれば、住まいの環境を整える方向が決まってくる。自分の理想の暮らし方が一歩現実に近づいてくる。

3　老後の働き方を考える　五〇代おひとり様

副業でマッサージサロンを開く

森山直子の家開き

おひとりさまの不安

一年前、森山直子は三〇年間連れ添った夫を亡くした。食道がんと宣告されてから半年、最期は自宅の寝室であっけなく亡くなった。夫の物を捨てる気力もなく、寝室は亡くなったあのときのままだ。

横浜近くの私鉄駅から歩いて二〇分の場所に直子の家はある。築一五年、七階建ての五〇世帯ほどの3LDKの分譲マンション。

夜九時すぎ。直子は保険のお客様との打ち合わせを終えて帰宅した。冷凍ご飯を温めて納豆をかけただけの夕食。自分ひとりのためにわざわざ買い物に行って料理をする気にもならない。トイプードルの愛犬ハッピーがごはんをたべるようすをみながら、直子はぼんやり考えた。子供がいない私は、このままひとりで生きていくのだろうか――。

夫は、いわゆる昭和の男だった。闘病中も「はやく薬を持ってこい！」とどなられる日々だった。これまでの結婚生活で何度も離婚の文字が頭をよぎったが、金銭的なことを考えると離婚する勇気はなかった。離婚こそしなかったものの、五〇代になってからは家庭内別居の状態だった。

不仲な夫婦関係だったのに、亡くなってから一年近く、直子の気持ちは沈んだままだ。夫がガンで苦しむ姿を目の当たりにしたことで、自分の最期について、ふとした瞬間に考えてしまうのだ。

「身内の方はいらっしゃいますか？」

葬儀場の人が口にした言葉が今でも忘れられない。私にはもう家族がいない。私の最期は誰が面倒をみてくれるのだろう？

薫との打ち合わせにて

そんなある日、直子は保険の顧客のひとりである、井上薫の家を訪れた。

保険の確認作業が終わり、雑談をしているときに薫が言った。「森山さん、元気ないわね？　どうしたの？」

薫と直子は、一年に一度ある保険の確認や見直しのときに会うくらいで、特別な知り合いというわけではなかったが、薫の目には直子がよほど元気がなく映ったのだろう。

直子から夫の話を聞いた薫は、すぐには直子にかける言葉が見つからなかった。薫は、時間が解決してくれるまで待つしかないのだろうと思いつつも、今の彼女を放ってはおけない気がした。

直子はまだ仕事をしているから、昼間はひとりにはならない。でも家に帰れば、亡き夫との思い出がいっぱい詰まった自宅で、きっとひとりで過ごしているはず。そしてこれから先も家族が増える可能性は低く、ひとりで年老いていくだろう。

そう思うと薫は直子の今と将来を考えずにはいられなかった。

彼女に必要なものはなんだろう？　準備しておかなければならないことはなにか？　そうだ、まずは仕事以外の人と話す機会を持ってもらおう。

そんな思いから薫は、友人が翌週開催する「オープンサロン」に直子を誘った。

家開きとの出会い

日曜日、直子は薫と駅で待ち合わせをして、「オープンサロン」が開催される櫻澤佳子の家に向かった。料理教室を開いている友人が、生徒さん同士や地域の人が集まって交流できる場として始めたサロンなのだと、薫は直子に言った。

佳子の家は、住宅街の坂を上った先にある、築二〇年ほどの二階建ての家だった。よく手入れされた芝生の庭を通り抜け、玄関から部屋へ上がった。そこは一五帖ほどのスペースで、一番奥にキッチン、その手前にテーブルやソファが置かれていた。ふだんはＬＤＫとして使っている場所のようだ。既に五人くらいの人が座ってお茶を飲みながら談笑していた。

ふたりがソファに座ると、向かいに座っていた女性が、「佳子さんのシフォンケーキは絶品なのよ」と教えてくれた。招かれた客は、まずはケーキを注文することになっているらしい。薫と直子はシフォンケーキを頼むことにした。

しばらくすると二〇歳くらいの男性が紅茶とケーキを持ってきてくれた。直子がシフォンケーキを一口食べる。思わず「おいしい！　ふわふわね！」と声を上げた。

そのとき後ろから、「そんなにおいしそうに食べてもらえるとうれしいわ」と声がした。

振り返ると直子と同い年くらいの女性がいた。この会のオーナーである櫻澤佳子だ。

「薫、来てくれてありがとう！　こちらが森山さんね。来てくださってうれしいです」

「こちらこそ、お招きいただきありがとうございます。自宅でサロンを開くなんてすごいですね」

直子が言うと、佳子は「全然すごくなんてないのよ。今はこんなことやっているけど、三年前は普通のパートの主婦だったんだから」と笑い、これまでのことを話してくれた。

三年ほど前にパートのお菓子講師を辞めて、自宅でお菓子教室を始めたこと。最初はふたりしか生徒がいなかったこと。少しずつ生徒が増えて、自分のペースで自分の好きなことを仕事にできるようになったこと。今ではこんなにたくさんの人が家に来てくれて、自分でも信じられないということ。

一時間半ほど会話を楽しみ、直子と薫は佳子の家を辞した。帰りの電車の中、ひとりになった直子はきょうの出来事を思い返した。おいしくて、楽しかった。自宅でサロンなんて考えたこともなかったし、正直なところ私のお客さんに誘われたから来たようなものだけれど、ちょっと圧倒されたわ。あんな人もいるのね。でも……三年前はパートの主婦だったって言っていたっけ。案外短い。だったら私も三年でなにかできるのかしら。佳子のように、自宅で自分に無理のない範囲で仕事ができたら、そしてそれが自分の好きなことや得意なことだったら、どんなに楽しいだろう。

けれど私が人に教えられることって……と考えると、直子の高揚した気持ちはすっと冷たくなってしまった。ずいぶん前にお茶や着付けの師範の資格は取ったけれど、それで自分が教室を開くという姿はまったく想像できない。特に取り柄がない自分が、自宅で教室を開くなんてむずかしいだろう。自宅近くの駅に着く頃にはそんな結論になっていた。

直子のキャリア

直子は仕事を転々としてきた。若い頃の夢は看護師だったが、母親に反対され、新卒でコンピュータープログラマーとして働いた。でも自分には向いていなかったし、長時間の労働に耐えられず四年で辞めた。その後、自分はやっぱり医療系の道に進みたいと思い直し、医療事務として働くことにした。直子は困っている人の役に立つことによろこびを感じるタイプのようで、医療事務の仕事にやりがいを感じていた。

ただ、四〇代ともなると職場で肩身が狭くなってきた。五〇歳のときに知り合いの勧めで保険会社の営業に転職したのだが、意外にもこれが自分に向いており、営業成績は上から二番目のランクになった。もともと人と話すことは好きだったし、医療の世界で得た知識をお客さんに話すと、お客さんは直子のことを素直に信頼してくれた。

直子は、これまでの自分の人生はまわり道ばかりだったように感じていたが、その時々で自分にできることをがんばっていれば、どんな経験も無駄にはならないと思った。保険営業は楽しい。ただ、一方で体力的に限界を感じている。会社からは何歳までも働いてほしいといわれているが、人一倍働いて今の成績を維持するのは無理があると、薄々感じていた。

転機――マッサージ

それから数か月が経った一一月最初の週末、直子は横浜駅前の和食料理店で、友人の弘子とランチを楽しんでいた。夫を亡くして気落ちしている直子を心配してか、弘子は定期的に食事やお茶に誘ってくれる。そうそう――デザートも食べ終えて最後のお茶を飲んでいると弘子が言った。「すごーくいいマッサージ見つけたの！　直子もやってみない？」弘子も同じ五〇代。そろそろ体のあちこちが痛む年齢だ。整体やマッサージの情報をよく交換している。そんなに弘子がいいと言うのなら、行かないわけにはいかない。すぐに電話をして予約をとりつけた。

二週間後、直子は弘子に紹介してもらったマッサージを受けた。電気を通しながら体を揉み解していくというものだ。二時間の施術が終わってマッサージベッドから降りた瞬間、体が軽くなっていることに直子は驚いた。「すごい！　今までで一番効果があるかも！」

そのときふと、自宅で料理教室を開いている佳子のことが頭に浮かんだ。お菓子は自分は教えられないけれど、マッサージだったらどうだろう！　マッサージなら、私も自宅で仕事としてできるかもしれない。医療の仕事をしていたから、人間の体のことならある程度はわかる。人と話すのも好きだ。マッサージで誰かを癒やす仕事ができたらどんなに楽しいだろう！

直子は心がワクワクするのを感じた。こんな気持ちになるのはいつ以来だろうか。変な顔をされてもいいからお願いだけしてみようか――そんな軽い気持ちで、「あのう、私にもマッサージの資格は取れないでしょうか？」と、その場で先生に質問してみた。今は保険の仕事をしているが、もともとは看護師志望で、その夢はかなえられなかったものの、どうしても医療の仕事をしたくて医療事務の仕事をしていたこと。長年連れ添った夫を亡くし、子供もいない自分はひとりで生きていかなければならないこと。体力的に無理のない、自分ひとりでできる仕事を探していること。ただの思いつきのはずが、気がつくと直子は熱心に自分の思いをぶつけていた。

先生は直子の突然の依頼に困惑しながらも、マッサージには国家資格が必要なもの（あん摩マッサージ指圧師ほか）と民間資格で施術できるものがあること、じつはマッサージの施術のかたわら、頼まれれば民間資格の取得のサポートも有料で行っていることなどを教えてくれた。

直子は帰り道、自分がマッサージを仕事にして、お客さんをよろこばせている姿を想像しながら歩いた。顔が自然にほころんでくる。足取りも軽い。

直子はこれまで会社勤めばかりで、自分で新しい仕事をはじめようとするタイプではなかった。しかし「マッサージ」という選択肢があったのだと気がつくと、看護師になりたいという若い頃の夢そのものではないが、人の体を癒やす仕事をしたいという想いがむくむくとわいてきた。

週明けの月曜日、直子は会社の後輩の雅子といつもの定食屋でランチを食べていると、こう言われた。

「直子さん、なんだか今日はご機嫌ですね」

「あら、わかる？　じつはね、私、マッサージの資格をとって、自宅でサロンを開こうと思って」

「え！　直子さんにそんな特技があるなんて知りませんでした！　でも会社の仕事はどうするんですか？」

「まだ資格はないの。でも近いうちに取るつもり。あ、資格を取っても会社は辞めないわよ。サロンがうまくいくかどうかもわからないしね。ほら私、今年で六〇でしょ。定年後の働き方を模索する意味でも、試しにやってみようと思うの」

「うわ。なんかすごい展開ですね。でも……いいと思います！　こんなにイキイキしている直子さん、久しぶりに見ました」

「ありがとう。正直、この年で新しいことを始めるなんて、うまくいくかなっていう気持ちもあるの。でも最近、同年代の友達が体の調子が悪くなるなんて話もよく聞くようになるし、迷ってる時間がもったいないと思ったの。それにどうせ副業だから、うまくいかなかったら辞めればいいいだけかなって」

「私、応援します！　私も直子さんにマッサージしてほしいな。サロンをはじめたら教えてくださいね！」

雅子の言葉が後押ししてくれるようで、直子は心強く感じた。

不思議なものだ。マッサージを仕事にしようと決意してから、直子の想いを応援してくれるような出来事が続いた。資格取得は数か月以上かかると先生から言われていたが、急に先生の予定が空いて集中的に指導を受けることができ、年内には資格を取得できた。また、最新のものを買うからもう要らなくなったと、新品ならば一〇〇万円以上する専用の機械を、中古品ということで半額の五〇万円で譲ってくれた。同時に、やはり不要となったマッサージベッドを無料でつけてくれた。見えないレールが自分の前に敷かれ、自分はただただその上を進んでいく――直子はそんな気分だった。

直子からの電話

「私、資格を取ったんです！」

正月休み明け早々、薫の元に直子から一本の電話が入った。

直子が言っていることを薫はすぐには理解できなかった。

昨年一〇月に会ったときには元気がなく、哀しみから立ち直れていないようすだった直子。

「えっ、資格？」

突然の話に薫はついていけない。

「自宅でマッサージをやるんです！　ベッドを譲ってもらうことになったし、五〇万もする機械も買ってしまったから、もう始めるしかないんです」

ついこの間まで、夫を亡くして落ち込んでいた彼女が資格を取って、しかも高額の機械を買った？　確か彼女はひとりっ子だったから、親族は介護が必要な実家の母親と、亡くなった夫の妹夫婦家族くらいしかいなかったはず。だから、今年のこの正月はひとりで過ごしていたはずだ。

誰かからのうまい話にだまされているのではないか？　と薫は心配になったが、直子の声は突き抜けるように明るい。とにかく報告しなくてはいけないというようすで、こちらがよくわからず戸惑っていても、どんどん話しだす。うれしそうだ。楽しくてウキウキしている彼女のようすが伝わってきた。

家のリフォーム相談

それから二週間後、直子のマンションに薫は訪れた。

すでにマッサージベッドは３ＬＤＫのマンションの北側、玄関右横の洋室に運ばれてあった。そのためか、南側の六帖の和室はご主人の遺品やいろいろな物であふれていた。そして、そのたくさんの荷物のまわりをトイプードルがはしゃぐように走りる。

「ハッピー、静かにしなさい」彼女は我が子を叱るように優しくトイプードルを抱き上げながら、薫とその事務所スタッフの美香をダイニングテーブルに案内した。

南側一面全部が透明な大きなガラスサッシの明るいリビング、その隣の和室には、初めて見る直子の夫の仏壇と小さな写真が飾ってあった。

マッサージベッドが置かれた北側の洋室は、施術ができるようにすでに完全に整えられていた。施術の練習をするため、直子はまずここは一番最初に片付けたのだろう。直子のこれからのやる気と意気込みが、薫にはじわじわと伝わってきた。

薫は、これからこの家で、どのように施術をしたいのかを直子に聞いた。

「まずは副業として、平日の夜や週末に知り合いに来てもらおうと思っているの。玄関横の洋室でマッサージをして、終わったらリビングでお茶を出そうと思って」

「たしかに、いきなりサロン一本でやるより、副業ではじめるというのはいい考えですね」

薫はそう答えながら、リビングを見渡した。リビングの隣にある和室スペースに目を留めると、直子が続けて言った。

「ただ、見ての通り、畳がボロボロでね。ハッピーが引っかくから。畳替えをしたいの。あと、費用はかけられないけど、もう少しお部屋をなんとかしたいと思っていて……薫さんの目から見てどうかしら？」

予算はかけたくないが、インテリアをもう少しすてきにできないか——直子はそう思って建築士の薫に相談してきたようだ。

薫は今まで、自宅でサロンを開きたい施主のためのリフォームを何軒も手がけてきた。だから、もしこの資格を活用して、ある程度の仕事として成功させ、継続しようと思うのであれば、来てくれるお客さんにとって居心地のよい場所にすることが何よりも大切だということがわかっていた。

薫は、初めて施主の家を訪れたときに最初に感じる感覚がとても大切だと思っている。ましてや直子の場合、これからここにさまざまなお客さんを呼ぼうというのである。一番初めに感じる住まいの印象は、客には非常に重要な情報だ。なぜなら、住まいの印象はそこに住む人の人柄までも想像させるから。

南側にあるリビングは太陽の光が存分に入ってきて明るいけれど、その時々に買い足したと思われる収納家具が並んでおり、ちぐはぐな印象だ。全体的には茶色のシックなインテリアなのだが、テレビボードの白と明るい木目は周囲から浮いている。かと思えば、しゃれた抽象画がテレビの上に飾ってある。その横には観葉植物がバランス悪く置いてある。部屋の広さに対して物が多すぎ、なんとなく窮屈で雑然としている。まだ本当には落ち着いていない直子の心が伝わってくるようだった。

薫は自分の考えを直子に率直に話した。

「畳替えをして物を片付ければ、ある程度この家の見た目はきれいにはなるのかもしれません。でもそれで、お客さんがまた来たいと思ってくれるようなサロンにできるかというと、正直むずかしいと思います」

「やっぱり、そうですか……でもあまりお金もかけられないし」

「直子さんの事情もわかります。でも、お金を出してサロンに来る人は幸せな気分になりたいから来るのだと思います。もちろんインテリアがすべてではありません。けれど、直子さんは雑然とした生活感たっぷりの自宅の一室に、わざわざお金を払っても行きたいと思いますか？」

「たしかにお客さんの立場になってみれば……」

「直子さんがもし本当に商売としてやっていきたいのであれば、もう少し考えたほうがいいと思います」

薫は続けて、どんな感じの部屋にするべきかの考え方を具体的に直子に話した。

直子自身も毎日ここで暮らすのだから、どうしても生活感は出てくる。それは当たり前のことなのだ。お店のようなインテリアにするのはむずかしい。しかし人を招く部屋の作り方にはコツがある。それこそ薫が建築士としてもっとも得意とするところでもあった。

六帖の畳だけを取り替えたいと言う直子の希望に反して、薫はまずは廊下の収納を確認させてもらった。収納の中に何が入っていて、どういう使い方をしているのか？　本当にこの家に必要なものは何なのか？　直子にいろいろな質問をなげかけながら、薫は考えていった。

どうしたら、直子が楽しく暮らしていけるのか？

どうしたら、来る人がすてきと思ってリピーターになり、ここでゆったりできるのか？どうしたら、来客があってもストレスなく愛犬のいる暮らしを楽しめるのか？まだまだ夫の遺品が多く残されている直子宅。直子の心も大切に、そしてペットとの生活も大切に、そしてお金をかけずに、どうやったらいいのかということを、薫は考えた。

打ち合わせも終わりに近づいた頃、薫は直子に予算を聞いた。今、いくらまでならこの家にお金をかけられるのかということは、とても大事なことだ。

「もともと畳替えだけと思っていたけど……でもどんなにがんばっても、一〇〇万円。それ以上は今の私には出せないわ」直子は答えた。

実際、今の直子にとって、一〇〇万円はかなり思い切った投資だった。

じつは直子は、五〇歳で保険会社の営業として働き始めたときにファイナンシャルプランナーの資格を取った。老後の資金については人より真剣に考え、計画的に蓄えてきた。ただ、五〇代で夫をなくしたことは計算外の出来事だった。寡婦年金はもらえるものの、それほど多くはない。特に、六五歳で年金を受け取れるようになるまでの生活費がギリギリである。もちろん貯蓄や資産がないわけではないが、先行きが見えない老後のために少しでもお金を蓄えておきたい、というのが直子の正直な気持ちだった。

薫は、直子にこれからどんな暮らしがしたいのかを質問した。

これからの自分の時間を何に多く使いたいのか？

何をしているときに幸せを感じるのか？

ほっとするときはどんなとき？　楽しいときはどんなとき？

自分にとって安心な生活とはどういうもの？

生きがいはなに？

薫は次々に質問を投げかけた。答えてくれなくてもいいのだ。自分の幸せは自分にしかわからない。自分で自分自身のことをもっと知ってほしかっただけだ。

とはいえ、このような質問にきちんと答えるのはじつは簡単ではない。直子に限らず、誰もが具体的にすぐに思い付かないことが多い。でも、薫にはおぼろげながら、こんな暮らしができたら直子は幸せになるのではないかという構想が見えてきたような気がした。

「こんなふうにすると、こんな暮らしができるんですよ」ということを示してあげなければ、普通の人はなかなか思いつかないものだ。そして、直子自身のイメージが膨らまない限り、実際に工事に着手してはならないと薫は思っている。限られたお金を意義ある使い方にするために。その限られたお金をどこまで使うのかを決めることは、何よりもそこで暮らす人の心次第なのだ。

薫からのアドバイス

●ムダなリフォーム費用を使わない。本当に必要なリフォームを行う。

「とりあえず、まずはここだけリフォームしておこう」という部分工事は、長い目で見ると費用が無駄になることが多い。少しずつ追加リフォームするのであれば、まとめてやったほうが工事費は抑えられるからだ。また、後になって「やっぱりああしておけばよかった」となることも多い。

たとえ小額の工事であっても、現実に出費するとそれは気持ちに意外に大きな影響をおよぼす（全体がこうなるということがわかったうえで少しずつ部分リフォームすることは無駄にはならない）。どうやって暮らしていくか、という日々の暮らしの全体のイメージを明確にすることが一番大切なことだ。

リフォームの一番の目的を再確認

はじめての薫の訪問日には、具体的にインテリアのどこをどうするという話にまでは、まったく至らなかった。しかし直子は笑顔で「畳替えだけと思っていたけど、それだけじゃダメってことはわかったわ。これから大変だわ」と、考えなくてはいけないことがたくさんあることを受け入れていた。

事務所に戻った薫は、スタッフの美香と話し合った。和室の押し入れの中も、廊下の収納も、びっしりものが入っていた。あふれたものは捨てると言っていた直子だが、それだけでスッキリした生活ができるのだろうか？　とにかく直子の暮らし方で必要としている物に対して、既存の収納量が少なすぎる住まいだった。そして和室は和室としての使い方をしていないのだから、畳替えをしても意味がないのではないか？　リビングの隣の和室には窓がないが、リビングのあの大きな一面の窓の明るさの恩恵を受けていなくて暗い感じがする。などなど、最初に薫や美香が改善したほうが良いと感じたことをどんどん出し合った。

翌日、薫は直子に電話をした。最初の希望の畳替えはせず、和室を洋室に変えるのはどうだろうかと、とりあえず話してみた。直子からは意外にもすぐに承諾が得られた。薫たち訪問時のようすで、直子は察していたようだった。これで方向が見えた。薫は迷わずさらに設計案を考えることにした。

まず最初に考えたのは、直子宅にくる来客の立場としてどのような施術サロンならばよいかという問題だった。

自宅だからこそできること、来客にもよろこばれる良さとは何か？他の施術サロンとの違いをどのように出せばよいのか？

もちろん直子の今の住み慣れた日常生活も、愛犬との暮らしも大切にしながらの案を考えなければいけない。和室を洋室に変え、大きな収納を作り、リビングとのつながりを持たせ、もっと明るく広がりを感じさせる、そんな心地よい空間を予算内でどうやったら実現できるだろうかと具体的に考えていった。

直子は自分の仕事や交友関係で、工務店や職人を何人か知っていた。だから和室を洋室に変えたいという提案を薫からもらった時点で、すぐに知り合いの業者に見積もり依頼をしていた。

薫と美香が最初の設計案を持って直子宅にふたたび行ったときには、直子はもう施工業者からの見積書を手元に持っていた。直子はうれしそうにその見積書を薫と美香に見せた。その見積書の表紙には八〇万円と書かれていた。

畳の床の部分をフローリング材に変え、壁はクロスを張り替え、押し入れは今までのまま使う。和室の部屋の形はまったく変わらない工事内容だが、内装は洋室に変わるというものだった。

しかし薫から見れば、和室を洋室仕様に変え、形はそのままだけのリフォームでは、すてきな空間にはとてもならないと感じていた。しかし直子にとっては予算内で工事ができるとわかった初めての見積書だった。このくらいの工事をすると、この程度の予算を考えれば良いのだと判断できる大事な資料であった。

その日に持っていった薫からの提案にはまだ見積書はない。

薫からの提案書は、こういう部屋を作るとこのような暮らしができるという暮らし方のイメージがわかるものにすぎない。もちろん、今までの経験から予算は大まかに把握はできる。しかし、見積もりはすぐには出せない。設計事務所が正式な見積書を作る以上は、具体的にどういう素材や材料を使い、どういう工法でやるのかを決めなければ計算はできない。同じ形であっても仕様を変えることで大きく変わってしまう。もちろん予算はとても大事だが、これから毎日暮らしていく住まいで何を優先させるのかは予算以上に、少なくとも予算と同じ程度には重要だ。そして工事費の見積りは、工事をする施工会社が算出するのだから、施工会社によっても変わってくるものなのだ。

だから薫は、まずはこのように住まいの形を変えることでこんな暮らし方ができます、という暮らし方の提案を出したのだ。提案はかなり詳細だ。たとえば自然光で良く見える化粧台の位置、リビングに仏壇があっても違和感のないおしゃれなカウンター案、仕事関係の資料の置き場所、施術に来た人へのお茶の出し方にいたるまで、薫と美香が懸命にイメージした直子の暮らし方そのものだった。薫は直子にくわしく説明した。直子の表情がどんどん変わっていった。

何かに急に気がついたような、はっと思いついたようなよろこびの表情に変わっていった。薫たちの提案が具体的にわかったからこそ、自分の夢や将来の暮らしが少し見えてきたようだった。

いつも薫が大切に考えていることがある。それは、「こういう暮らしがしたい」と施主に具体的にイメージしてもらうこと。ある程度具体的な夢や目標がなければ、それに向かって進むことはできないのだから。日々の暮らしの積み重ねがその人の習慣になり、やがてその人の生き方になる。住まいは生き方そのもの、と薫は信じている。

直子がとてもうれしそうに薫たちの顔を見た。そして笑顔で言った。「この考え方で進めてください。予算はもうちょっと必要かもしれないわね。この案だったらいくらかかるのか、今度来てくれるときに教えてもらえたら助かるけどね」直子は、施工業者も探してほしいと薫に依頼した。

薫の仕事は、暮らし方を提案し、それを具体的な形として設計し、施主に代わって工事見積りをチェックして、工事が図面通りにきちんと進んで問題なくでき上がるかを監理することだ。だから、工事をするどの業者ともあえて提携はしていない。施工会社は工事内容が決まってから、その内容を得意としている業者を選択する。いくつかの施工行会社に打診して、さまざまな角度から検討して依頼先を決めることが通常だ。

たとえば、水まわり設備の交換がメインの工事の場合は、家づくりが得意な大工をかかえる工務店に頼むのではなく、設備工事が得意な職人がいる工務店に依頼するほうが良い。しかし普通の人が、その施工会社の得意分野を判断して選択することは困難だ。住まいの工事は高額である。そして、今回は失敗したから次はこうしようと、何度もできるものでもない。

薫と美香は、業者選択と同時に具体的な仕様の検討も進めていた。たくさんお金を出して、高価な素材を使い、職人にオーダーメイドで家具を作ってもらえば、もちろん良いものは作れる。ただし今回の直子の予算では、すべてを盛り込むことはむずかしい。できるだけ工事価格を抑えるため、メーカーが安く販売している既製品の材料を活用したり、使える物は再利用したり、家具の造りをシンプルにしたり……。コストを抑えつつ、いかによい空間をつくれるかは、建築士の腕の見せどころだ。

一方、直子は家の片付けを始めた。この前の打ち合わせで薫に言われた「今の直子さんにとって本当に必要なものだけを残して、シンプルな暮らしをしましょう」という言葉を思い出しながら、直子はひとつひとつ物の選別を始めた。夫の衣類や本、若い頃の写真、以前はお気に入りだったけど五〇代の自分にはしっくりこなくなった服やアクセサリー……、なんとなく捨てられず持っていたけど、自分のこれからの暮らしに必要ないと思うものは、いさぎよく処分することにした。

当初、直子には不要になったものをゴミとして捨てることに罪悪感があったが、友人のアドバイスで、欲しいと言ってくれる人に譲ったり、買取り業者に引き取ってもらったり、自治体の引き取りサービスを利用することにした。自分が要らなくなった物が、必要としている人のところに行くのを見ると、直子はすがすがしい気持ちになった。

それと並行して、直子はマッサージの練習のために、友人を自宅に招くようになっていた。仕事や家庭の悩みを聞きつつ施術で体を癒やしてあげると、みんな笑顔で帰っていった。

直子は、人の役に立ちたいという想いを、実際に行動に移すことで、自分自身がどんな施術サロンを目指していきたいかのイメージが、具体的に見えてきていた。

アットホームな雰囲気で、お客さんが心からリラックスできるサロン。疲れている人はぐっすり眠っていてもいいし、心にもやもやを抱えている人には、その想いを吐き出してもらってもいい。

値段も、お客さんが定期的に通える金額にしたい。体をいいコンディションに保つには、月に二回は来てもらうのが理想だからだ。こういうマッサージは普通一回一～二万円くらいするのだが、自分だったらもう少し安くないと通うのはむずかしい。料金は一回二時間七〇〇〇円ぐらいに設定しよう。自宅で場所代がかからないからこの料金設定ができる。家でやることの大きなメリットだ。直子は、個人でやる小さなサロンだからこそ提供できる価値を大切にしていきたいと思うようになっていた。

薫からのアドバイス

●自宅で副業をするメリットを意識しよう

おそらく人生で一番高い買い物である「家」。「家は家族のためのもの」という意識を少し変え、もっと活用することで、子育て中に、介護中に、定年後に、副業に、何かを始めたい思ったときに、人生の選択肢が広がる。

何かを始めたいと思ったとき、事務所やレンタルスペースを借りようと思うと当然ながら費用がかかるが、家を活用することで、リスクを抑えつつ、やりたいことにチャレンジできる。自宅で副業をするメリットの代表的なものは以下の通り。

・場所代がかからない
・お客さんにも通常よりお値打ちな価格でサービスを提供できる
・週に一回でも、月に一回でも、自分のペースではじめられる
・うまくいかなければ辞めてもいい

リフォーム工事直前の中止依頼

三月にはリフォーム工事をスタートさせるための準備がほとんど整った。薫と直子は、後からでもできる工事や、マンション全体の工事計画なども考慮して、今はやらないほうが良い工事などをひとつひとつ確認し、最終的な工事内容を決めていった。工事費の見積り金額は二七〇万円になった。

ところが、三月になって突然直子が「家相を見てもらったら、今は家を動かさないほうがいいと言われた」と薫に言ってきた。そして、計画していたテレビ台はやめようかと思っている、いつか車の運転もできなくなるだろうから、駅から遠いこのマンションは売って、クリニックがそばにある駅前の小さなマンションに引っ越そうかと思っているなどと、工事を辞めたい理由を並べた。

薫は職業柄、「家相」というものを気にする施主が案外多いことを知っている。「家相」を施主が突然気にしだしたら、おそらく何か不安なことが起きたか、誰かに何かを言われたかであることが多い。薫は直子の心変わりの理由を知りたかった。きっと何かあったはずだと思って、直子におだやかに話を聞いてみた。どうやら介護をしている実家のお母さんと喧嘩をしているらしい。

最近、直子の実母は少し認知症気味になってきているらしいが、まだまだ自分の意思は強くしっかりしているので、自宅でひとり暮らしをしているという。実の母娘だからこそ、お互いに遠慮なく言いたいことをはっきり言って、ケンカになってしまうことがたびたびあるそうだ。そういう母親を見ていると、自分の将来は、肩肘張ってがんばるのではなく、施設にお世話になったほうがよいのではないかと考えるようになったそうだ。だから先々をもう一度考え直していたとのこと。薫は黙って直子の話を聞いた。そして「家相のことはほかでも見てもらったらどうかしら」とだけ言ってそれ以上は何も言わず、一週間後に会う約束をして別れた。

一週間後に直子に会ったとき、また前の元気な直子に戻っていた。

「この間、施術に来てくれた会社の後輩たちがとてもよろこんでくれたの。みんながこんなによろこんでくれるんだったら、やっぱり私はマッサージをやっていきたい」と彼女ははっきり言った。そして、テレビ台は家具としてきちんと作りたいとも言った。薫は、テレビ台は急ぐことはない、家具ならば後からでも作れるからと提案していたのだが、その予算も足して、いま作っておきたいと言う。来る人にも少しでもよろこんでもらえるリビングにしておきたいと話す直子の目は力強く輝いていた。

もう直子宅は、後輩たちと直子がゆっくり話せる癒やしの場になっていたのだ。それは直子にとってもうれしく楽しい、生きがいの時間になっていた。

薫からのアドバイス

◉自分が本当に楽しいと思うことに投資をする

定年退職後は、多くの人が財布の紐がきつくなる。老後の資金計画を考えると、少しでも無駄なお金を使いたくないと思うのは当然だ。ただしそういう方でも、意外に海外旅行に頻繁に行ったりしていることがある。もちろん旅行が本当に好きであればいいのだが、話を聞くとそれほど旅行に対して強い興味があるわけではなく、じつはいつか旅行に行けなくなることへのばくぜんとした不安からだったりする。一時的なイベントにお金を使うのもいいが、自分が心からワクワクすること、やってみたいこ

と、日々の暮らしを豊かにすることにこそ、お金を使うという発想を持ってみてはどうだろうか？　人とは違っても自分が幸せになる自分しか気づけないお金の使い方がある。

工事開始、そして本格的にサロンスタート

三月下旬、直子宅のリフォーム工事がはじまった。

工事内容にメリハリをつけて予算配分を十分考えた設計だった。

リビングは直子が長時間過ごし、来客とお茶を楽しみリラックスできる一番大切な部屋。部分的にクロスの色を変え、追加費用なしでおしゃれ感を出した。

北側の部屋は、寒さ対策や照明器具を変えるだけの工事で費用を抑えた。

和室だった部屋は、明るい洋室と大容量のウォークインクローゼットに変えることになった。壁を大きく撤去してリビングとつながりを持たせ、必要に応じて引き戸で仕切ることもできる。リビングと洋室の床は、ペットが思い切り走りまわれるよう、ペット用の滑りにくいフローリングを張った。

四月下旬、直子の家に、世界にひとつしかないオーダー家具が搬入された。そしてリビ

ングの壁一面に取り付けられた。そこに夫の写真と仏壇を飾る。物がすっきり片付いた部屋は、以前よりも広々と感じる。トイプードルのハッピーも、フローリングの上をはしゃいで走りまわった。直子の新たな生活がスタートしたのだ。

直子はリフォームが終わり、部屋を整えると、本格的にマッサージの仕事をスタートした。本格的に、と言っても保険営業の仕事があるため、会社の後輩や知人を誘って平日の夜や休日に施術を行うというスタイルだ。

来てくれた人は、「ああすっきりした」と言って笑顔で帰っていく。気持ちよくてウトウト寝てしまう人や、若返ったと笑顔で帰っていく人、ふだん人には言えない愚痴をこぼしていく人などさまざまだが、直子は自分のマッサージで人によろこんでもらえることが、このうえなくうれしかった。

直子がサロンをはじめて三か月が経ち、薫と美香は直子の家を訪れた。追加工事の相談依頼があったのだ。

直子は、いくつか持っている絵画を飾る場所を薫に相談した。今まで持っていた小物も、どこにどのように飾ったらよいのか、人が来るとなると来客目線でとても悩んでしまうという。お茶やお茶菓子をどうやって出したら来る人がよろこんでくれるかを一生懸命考える直子のようすを見て、薫はきっとサロンはうまくいくだろうと思った。初めて来たときには気付かなかったが、バルコニーにはアンティークのしゃれたベンチが置かれていた。直子はもともとすてきな食器や小物を持っていたが、それらがより活かされてきたように感じた。

薫の予想通り、その後も直子のお客さんは順調に増えていった。当初は副業として細々とやっていくつもりだったが、来てくれた人のほとんどがリピーターになってくれ、紹介で新規のお客さんも増えていった。オープン後の半年後には軌道にのり、二五人のお客さんが月に二回程度通ってくれるようになった。一か月の売り上げは三五万円になり、直子は本業をしだいにセーブするようにした。

ただし、得られた価値はお金では計れない。お金以上に、お客さんによろこんでもらえることが直子の自信となり、生きがいとなった。これまでの医療事務、保険営業の経験から、お客さんの悩みに対してアドバイスをしてあげることもある。これは、今の五九歳の直子だからこそできる仕事だ。自分のやりたかったことにようやくたどりついた、人生で今が一番幸せだ——直子はそう思えるようになった。

三年後

三年後の七月、直子と薫は久しぶりに電話で話した。

「私は今、保険会社を辞めて年金プラスアルファの生活ができているの。今はストレスがないのよ。好きなことをやりながら楽しく暮らせるなんて想像もできなかったわ。体力の続く限り、この仕事を続けていきたいと思っている」

直子は、自宅でマッサージをするだけでなく、出張施術をするようになっていた。さらには、弟子もでき、自分の時間も作れるようになった。相変わらず実母の介護の生活はしていたが、声はとても明るかった。

「母はね、もうね、まったくわからなくなっちゃったのよ。重度の認知症っていうのね。何かわかったふりはしてるけれど、じつは何も覚えていないし、何にもできなくなっちゃったの。もちろん、けんかもできないわ。私は自分の予定に合わせて母の家に行って、あとはヘルパーさんにお願いしてる。一緒に暮らしてたら正直ストレスが溜まってしまうだろうけど、週のうちに何回か、仕事の合間に行くの。母の買い物をしたり部屋の掃除をしたりしてあげているから、自分の中でも母を看てるって言う気持ちも多少は持てるしね。大変なこともあるけど、ストレスはたまらないわ」

そして「あのとき薫さんにリフォームしてもらって本当によかった」と元気な声で言った。

薫にとっては何よりもうれしい言葉だ。そして「ありがとうございます！」と薫も返した。直子さんこそ元気になってくれて本当にありがとう、という心からの想いを込めて。

まとめ

老後に備えると言うと、まずはお金を考える。いかにお金を貯めていくか、どれだけとっておくか、ということばかりが気になる。もちろん、ある程度の貯蓄や不動産という有形資産は必要だ。しかし、そういう有形資産を持っていれば楽しい人生が老後も送れるのかといったら、そうではない。

有形資産と言うものは、普通の生活ができる程度あれば、それでよいのではないだろうか。

そして、その「普通の生活」というものも人によって違うものだ。食べたいものがおいしく食べられる、スーパーでいつものように買い物ができる、服を洗濯して自分で着られる、安心して寝られる場所がある、ちょっとした旅行なら行ける、その程度ができれば老後の生活はまずは幸せではないだろうか。そのような日常の健康的な生活が毎日送れることは、本当に幸せなことではないだろうか。

そして、この普通の生活を健康的に送るために欠かせないこと――それが人との関わりだ。困ったとき、寂しいとき、悲しいとき、元気なとき、うれしいとき、誰かに気持ちを伝えられる、共感しあえることはとても大切だ。自分の気持ちをわかってくれる人がいる。寄り添ってくれる人がいる。自分がいることでありがたいと思ってくれる人がいる。誰かの役に立っていると思えることが、人間にはとても大事なのだ。

生きがいという無形資産を築くことができる場所や時間にも、老後は備えなければならない。

4　小一の壁にぶちあたる　三〇代働くママ

自宅を仕事場にする

井上薫の家開き

やりたい仕事と家族を大切したい思いとの両立のために！

長男が小学校一年生になったときに、建築士の井上薫は仕事場を自宅に変えた。

それまでの仕事場は、自分で独立して開業した真新しい事務所だった。通勤時間は三〇分、横浜駅から歩いていける新築オフィスビルの中。毎日意気揚々として通勤していた。業者や施主にとっても便利な場所であり、生活感のまったくない、明るく気持ちよいオフィスだった。設計デザイン事務所として仕事がしやすい四〇帖ほどの広さに新しい家具を置き、アシスタントスタッフもひとりいる申し分ない職場環境だった。一年半前に、薫はここから独立をスタートさせたばかりだった。

しかし、あえてその事務所を離れ、仕事場を自宅の一部にもってきた。それは、保育園を卒園して小学生になったばかりの息子をひとりで自宅に帰すことに、不安と愛おしさがあったからだ。

薫の家はサラリーマンの夫と小学生になったばかりの長男、そして保育園に通っている長女の四人家族だ。近所にすぐに頼れる祖父母や親族はいなかった。

子供にとって、保育園時代の友達はみんな働く親の子供だった。しかし小学校に入ったら同級生の母親はほとんどが専業主婦だったのだ。今から三〇年前、まだ世間では働く母親は少なかった。息子の同級生たちの多くは、学校から帰った後に友達同士でまた一緒に遊ぶ約束をし、自由な時間を仲良く過ごしていた。友達の家に行き来したり、一緒に自転車に乗って外で遊んだりと、学校以外の時間をともに過ごすことが普通だった。

小学一年生になった息子のことを心配していろいろ悩んでいた薫は、六月のある日、いつもより早めに帰宅することになった。すると、偶然にも電車の中から息子の姿を見かけた。夕暮れの小学校校門から、大きなランドセルを背負って出てくる小さな息子。自宅に帰る同級生たちと別れて、反対方向の預けられ先に向かってひとりトボトボ歩いて帰る姿だった。そのとき、薫は強く決心した。すぐに事務所を引っ越そうと。三〇年以上経った今でも、その夕暮れの光景は忘れられない。

それは、母親であることをもっと大切にしたかったからであり、家族がいるからこそ輝きながら働いていたかったからだ。自分がやりたい仕事のために、子供の気持ちを犠牲にしているように思えて、小一の息子に「ごめんね」という思いがこみあげてきたのだった。子供たちが保育園に入っていたときは、毎日の生活を安心して人に任せて通勤できた。しかし子供が小学校に入ったら、親の役目が大切なことを痛感させられていたときでもあった。自分の仕事は続けていきたかったが、母親として子育ても大切にしたいという想いがとても強くなった。

「仕事か子育てか」ではなく「仕事も子育ても」

仕事か子育てか、どちらかを選ぶという選択ではなく、両方をどううまくやっていくかを考えたとき、優先するべきは子育てだと思った。仕事は他の人でもできる。しかし、子供にとっての親は自分しかいない。仕事のために子育てをどのようにするかではなく、子育てのためにどう仕事をしていくかと考えたかった。

幸いにも薫の仕事は自分ひとりで独立してやっていける一級建築士という専門職だった。ハードルは高くはないように思えた。

しかし現実は違った。客観的に考えれば、子育て中の三〇代前半の女性が自宅でひとり仕事をしているところに建築という大きな仕事を依頼することは施主にとっても不安があるだろう。大きな組織の中の経験豊かな男性に頼みたいと思うのも無理はなかった。それでもあきらめずに仕事を続けたいと思ったのは、やはり仕事が好きだったからであり、建築士としての夢があったからだ。

じつは薫は、三三歳での独立は早すぎると思っていた。それでも独立したのは、ある強い思いがあったからだ。

三〇年前の建築業界はまだまだ男社会だった。結婚して子供がいる女性に男性と同じような仕事を与えることはなかった。夕方五時に退社して保育園に子供を迎えに行く女性に、現場や大きな責任ある仕事を任せる風土はまだない時代だ。大学で男性と同じように建築学科で専門的な勉強をし、一級建築士の資格を持っていても、組織の中では一人前に扱ってもらえなかった。特に会議や打ち合わせは、夕方みんなが現場から帰ってきてから始まり夜の一〇時ぐらいまで続くという建築界ならではの慣習があった。現場にも行かせてもらえない、打ち合わせにも出られない薫は、やりがいも自分自身の成長もないように感じていた。

だったら独立しようと思った。現場経験はほとんどなく、自信もまったくない独立だったが、薫には経験豊かな仕事仲間が大勢いた。一緒に仕事をしようと応援してくれる仲間もいた。人の力や現場の職人さんに助けられて薫は独立ができ、特別な営業はしなくても仕事も知人関係や大学の先生から与えてもらうことができたのだった。

そんなとき、「小一の壁」がやってきた。

自宅の一部を仕事場とするむずかしさ

薫は、自宅の玄関から一番近い六帖ほどの洋室を仕事場とした。自宅を訪れる業者や施主に気持ちよく過ごしてもらうために、狭いながらも工夫した。子育てしながらも今までの自分の仕事を継続し続けるために、どうしたらよいかを考えた。時間帯によってはプライベートな部屋の一部も活用した。しかし、独立した事務所をかまえるのと自宅の一部を仕事場にするのとでは根本的な条件が違う。今までと同じような働き方はできないとすぐにわかった。

設計という仕事には専門性や経験、そして営業力が求められる。どんなに専門スキルが優れていても、依頼してくれる人がいなければ仕事はできない。自宅はマンションだったので看板をかけることはできない。ここに設計事務所があるということを知ってもらうことさえできない。スマホはおろかインターネットもない時代だった。

仕事場になった狭い部屋は、スタッフに来てもらうような広さはない。打ち合わせとなると、施主だけでなく業者も何人も来ることがある。狭い部屋ではみんなが書類や図面を広げられない。

時間的な制約もある。子供の帰りが早いので、打ち合わせ時間が限られる。会議の延長や残業はむずかしい。とはいえ子供がいる生活感は出したくなかった。一方、自宅を仕事場にしたことで家族に迷惑をかけるのもいやだ。自宅で仕事をすることになって、今までにはない悩みや不自由が次から次へと出てきた。

薫の夫は大手ゼネコンに勤めるサラリーマンだった。ふたりはともに建築を学んでいる学生の頃に出会って結婚した。同じ建築関係の仕事だったので理解もあり、薫が独立して仕事を続けること、自宅を仕事場にすることには賛成してくれた。「仕事を続けたいと思う気持ちはすばらしいと思う。きみは専業主婦よりも働いているほうが輝いていられるだろうから」と応援してくれていた。

しかし協力はまったくしなかった。朝六時すぎに自宅を出て、夜一一時すぎに仕事から帰ってくることがふつうなゼネコン業界では、そもそも時間がなかった。日常の子育てはすっかり妻に任せ、休日に買い物に行ったり、保育園児だった娘と小学生の息子をどこか遊びに連れていくことが家庭サービスと思っているようだった。薫もそれ以上のことは望まなかった。

生活者として地域とつながる

薫は時間的には自由がきくようになったので、地域や学校や趣味など、さまざまなコミュニティに関わることにした。薫の住まいに遊びに来る人も多くなり、仕事と生活を両立させようとする薫に興味を持つ友人もいた。仕事が目的ではなかったコミュニティだったが、ママ友たちの口コミで思いがけず仕事の依頼が広がっていった。

しかし、仕事を頼まれてもすぐには受けなかった。自宅だからこそ家族の暮らしを守ることが大切だと思っていた。薫はクライアントを選ぶようにした。万一恨まれて子供や夫に何か被害が及ぶことになったら困ると考えたからだ。気がつくとママ友から、「薫に仕事を依頼できるのは厳選された人だけね」と言われるようになっていて、逆にそれが薫への信頼感となり、仕事の依頼につながっていった。ひとつひとつの仕事を丁寧に、楽しみながら自分のペースでやれるようになっていった。

薫は、自分が母親であることを仕事に活かそうと思っていた。主婦だから感じられることと、子育てをしているからわかることを大切にし、生活者目線での提案をするように心がけた。自分でデザインを考えることも好きだったが、施主の感覚をうまく引き出して形にしたり、施主の経験を活かすことを心がけると、自分の感覚だけではなかなか出てこない新たなデザインや発見をすることができ、それは施主にもよろこばれた。仕事のスピードという点だけを考えれば、子育て中はペースを落としていたかもしれない。しかし自宅で開業をすることで得られた仕事以外の人間関係や経験は、はかりしれない無形財産になった。

仕事と家族――「小一の壁」をきっかけに、その両方を大切にしたいという思いで自宅開業という道を選び、最初は苦労したが、自分なりの新しい働き方ができるようになった。これは、薫にとっての「家開き」だった。そしてこの家開きの在り方も、少しずつ形を変えて成長していくことになった。

子供たちが大学を卒業すると、薫は自宅と仕事場をまた別にした。自宅開業していたマンションをリフォームして仕事専用とし、住まいは別の場所にすることにした。

インターネットが発達し、在宅で仕事をする人が世の中に増えてきた。最近は、マンション管理規約がソーホーや仕事場にすることを仕事内容によっては許可する動きが増えている。つまりマンションでも自宅と仕事場の両立という「家開き」をしやすくなってきたのである。

そして薫は、自宅開業の個人事業主から、事務所を法人化させ株式会社としてスタートさせた。広くなった仕事場で、自分の経験を活かした、子育て中の女性が働きやすい会社を作ろうと思った。才能があっても子育てママの能力が活かされない――それはとても残念なことだ。薫は、結婚して妻となり、母となり、子育て、親の介護、孫の世話、地域社会にも係わってきた生活者としての視点を活かして、女性ならでは仕事が今まで以上によく出来るようになったと思っている。

子育て中は子育て中なりの働き方にし、ともかく継続して仕事をしてきたことが、社会とのつながりを切らさないことにつながったし、自分自身のモチベーションも保ってくれた。あきらめず続けてきたことで、また次の夢も広がってきた薫である。

薫からのアドバイス

●自宅開業の仕事時間とプライベート時間を考える

自宅とは本来くつろぐ場であり、疲れた身体を休めたり、家族と向き合ったりと、もっとも気楽に過ごせる自由な場であるべきところ。自宅であるからこそ、仕事場としていくうえで心がけなければいけないポイントがある。

・時間管理の重要性

自宅では自分次第でどうにでも自由に使える。だからこそパートナーや子供との家族時間や家事などのプライベート時間と自分の仕事時間をしっかり区別して行動することを心がける必要がある。

自分自身だけの時間管理はしやすいが、子供がいるといろいろな出来事に時間を左右されてしまう。しっかり仕事時間を確保するためにも、母親が家にいても仕事の時間であることを子供たちにわからせておくことが大切だ。

薫は子供たちに、緊急な場合やトラブルが起きたときは別にして、基本的には日中は母親を当てにはできないこと、母親は子供に手を貸さないことをしっかり説明しておくことにした。厳しいようだが、それでも子供は母親がそばにいるというだけで安心できるものだ。逆に言えば、この安心感さえしっかりあれば、子供たちは自立してくれる。心配しすぎてあれこれ先まわりするよりも、子供に親の想いをしっかり伝え、信じることが大切だ。

子育てをしながら今まで通りの仕事をすることは現実にはなかなかむずかしい。ならば独立心が芽生える小学生になったときを機に、子供の能力を活かして、早く自立できる子育てを目指すという意識に変えたほうがいい。子供も自分自身も輝けるように親の働き方を変えよう。

また、親は親で自分の時間も管理する必要がある。自宅にいると、子供の世話を含め、家事をいつでもできる気分になりがちだ。つい家事をして仕事の時間が無くなるということはよくある。だらだらとテレビを見ながら食事をすることもあるだろう。自分で自分の時間を管理する習慣をつけよう。子供に宣言した手前、これはがんばるしかないと覚悟しよう（むずかしいけれど）。

仕事時間が少なくなってしまうこととは反対に（あるいはそのために）、仕事が終わらない場合もある。時間を気にせず、場合によっては夜中までできてしまうという自宅ならではの利点は、時に悪循環の要因にもなる。子育て中に自宅で仕事をするということはいろいろな便利さもあるが、時間を自分自身で管理することはとても大切だ。

●自宅開業の仕事場にふさわしい空間をつくる
・生活感を持ち込まない仕事場
自宅と仕事場が同じ場合、家の中で共通して使う場所が出てくる。たとえ自宅であっても、来客者の立場から見たときのことを意識して考えよう。

こんな暮らしがしたいと思えるようなモデルルームのように自宅を維持しておくことは、子供がいる家ではとても無理。生活をしているのだから、自宅全部を毎日きれいにすることはできない。そこで、共通して使うほんの一部の場所、玄関まわり・トイレ・廊下・仕事場だけでよいので、五感を意識したインテリアにすることを提案する。

薫の場合、仕事を頼むか頼まないかは依頼者であるクライアントの気持ちしだいだ。打ち合わせ場所にもなる仕事場が自宅の生活感をたっぷり感じさせるものだと、クライアントはこれから依頼するかもしれない仕事に自分の夢を託しづらいと感じるものだ。「生活感を持ち込まない仕事場」は、施主のためでもあり自分自身のためでもある。視覚・聴覚・嗅覚・味覚・触覚の五つの感覚を刺激するインテリアは客をよろこばせ、自分自身もやる気が増す。

薫は以前、自宅で料理教室を開いていた方に家庭料理を習っていたことがある。料理レッスンの内容は長年の経験に基づいたプロのものだったが、生活感たっぷりの教室スペースにがっかりしたことがあった。教室として使用するキッチンは広くて立派なものだが、自宅のキッチンと兼用のため、いつも急いで朝食を片付けた後のレッスンという感じがぬぐえなかった。残り物などの片づけ方や室内の臭い、家族が使っていた座布団式の椅子、家族も使う同じ食器やランチョンマット……来訪者はそういうところは見逃してくれない。

また、玄関に家族の靴が並んでいたり、トイレ・洗面所に家族の生活品が置いてあったりするのも興醒めだ。たしかに、生徒の目的は料理を習うことだ。しかし気のおけない友人と楽しくやる料理ではなく、看板を掲げ、たとえ人数は少なくても他人を迎え入れ、教室としてそれなりの月謝と引き換えに料理を教えるのならば、生活感はなくしたほうがよい。生徒は料理の技術だけを学びにくるのではない。ワクワクした気持ちで日常を離れたレッスンを受けるという行為自体に大きな価値を求めている。

自宅を仕事場にするためには、来訪者をワクワクさせてやろうという気づかいが欲しい。そして自分自身も、自宅という空間であってもスムーズに仕事モードに入れるような工夫をすることが大切だ。そのためには、スペースや時間帯によって自宅を生活感のない仕事場にいつでも変身させられるように、ふだんから意識しておくことがポイントである。

◉自宅開業は地域のコミュニティーを大切にする。

・地域とのつながりを大切にする

自宅開業は基本的には何もかも自分次第で自由。しかしひとりの場合が多く、孤独でもある。自分の仕事は地域には関係ないから特に地域と関わる必要性も感じないと思う人もいるかもしれない。しかし人間は直接人と顔を合わせて会話することがとても大事。

相手の表情や視線や仕草を見ながら話をすることで、お互いをより感覚的に理解できることがたくさんある。自宅で開業するからこそ地域の身近な人とのコミュニケーションを心がけよう。

薫は、仕事をしながら積極的に地域の仕事に関わり、子供の学校関係のお手伝いも大切にしてきた。暮らしている地域について知り、自分が地域でできることがあるということが、自分はもちろん家族にとっても大切になる。また、仕事ではない地域の人との輪が広がれば、自然に親しい友人も増え、信頼関係も生まれてくる。

顔を良く知っていて、お互いに信頼し助け合える友人が世代を越えてできることは、そう急にはできない。自分の人生を豊かに、そして安心して暮らしていくためにも、いざというときにそばに住んでいる人たちに少しずつ関わっていってほしい。信頼関係ができ、世間話のなかで互いの職業を知ることから、結果的に仕事に関する相談や依頼ができるようにもなる。また、ひとりで自宅開業をしていて、特別に宣伝もしていないのに、あなたを信頼する誰かがあなたのことを広めてくれることもある。地域の人とかかわり、自然と信頼できる人を見つけることで、自分を応援してくれる人が現れる。

自宅開業とは、仕事と家庭と地域の人間関係がより豊かになる暮らし方なのだ。

まとめ　子育てと仕事を両立させるための自宅開業は親も子供も自立する

「小一の壁」は、働くママならば誰もが気になることだろう。小学校入学後、子供を長く預けることが困難になり、ママは働き方の変更を強いられる。四人にひとりが小一の壁が原因で退職や転職を選ぶという実態が今もある。

実際、仕事と育児の両立は、小学校に上がってからさらに大変になる。夏休み・春休みの対応、学童預かり時間の短さへの対応、ＰＴＡ・保護者会・面談などの保護者活動の多さ、子供の友人関係、登下校ほかの安全管理、勉強の状況把握、持ち物・宿題・学校行事のフォローなど、親の仕事がぐんと増える。

小学生の子供を持つ親の多くの世代は、自分自身の仕事も充実してくると同時に責任も増す時期。子供もそうだが、親も忙しい。

しかし、この「小一の壁」と言われる子育てをチャンスととらえ、自分自身の働き方のターニングポイントにして人生を見直すこともできる。自分とじっくり向き合いながら、自分流の新たな働き方を作っていく時期にしたい。

仕事のために子育てをどのようにするかではなく、子育てのためにどう仕事をしていくかという選択のひとつが自宅での家開きだ。

子供を適度な距離を保ちながら見守り、過保護にならない「自分で考える才能」を活かせるようにできるだけ子供に任せる。常に自立させることを意識する。

そして、いきいきと働く大人の姿を見せよう。親の仕事をしている姿を子供に見せることは、働く親の姿を知る大切な子育てになる。子供は、親のお金がどのような努力から生み出されているのかを知って親への尊敬の気持ちがわき、前向きな労働観をもつだろう。働くということへの理解も深まり、親子間のコミュニケーションが円滑になることも期待できる。子供には早いうちから将来のビジョンを考えてほしいと願う親は多い。言葉で伝えるだけではなく、自身の働く姿を見せることで、子育て中の家開き開業は教育にもなるのである。

5　子育てしながらできることを楽しむ　四〇代子育てママ

自宅でワークショップを開く

中田真弓の家開き

友人の後押しではじめた家開き

「うん、いいよ。やってみたら？　協力するよ」

あっさりと引き受けてくれた友人の桑山美加の後押しで、中田真弓の家開きはとんとん拍子に準備が進んでいった。

美加は、イギリスにお花の勉強で留学経験を持つ、フラワーコーディネーターだ。銀座のお店で講師を務めたこともあったが、真弓と同じく出産と育児で仕事からは離れていた。

真弓は、自宅で子連れ歓迎のワークショップを始めてみたいと考えていた。美加にそのワークショップ講師をお願いできないかと相談してみたのだ。相談とはいってもまだ具体的に何も進めてはいなかったので、「自分の家でこんなことができたらいいなって考えていて……」と軽く頼んでみた程度。でも、友人の快諾と、公言したそのプレッシャーから、前に動き出す原動力につながった。

真弓は一歳と四歳の息子を子育て中の専業主婦。育児にとても手のかかる時期だが、講師を招いて自分自身も楽しめる家開きをスタートさせた。

夫の転勤

真弓は大学卒業後にOLとして大手通信会社で働いていたものの、「自分のやりたいこととは違う」と感じ、思い切って退職。もともと好きだった家に関わる仕事がしたいと、インテリアコーディネーターの資格を取得し、インテリアショップに勤めることが決まった。しばらくインテリアショップで経験を積むと、インテリアだけでなく建築までもっと幅を広げたいと感じるようになり、今度は建築の勉強のための学校に通い、建築設計事務所に勤めることになった。

建築業界で土日休み、時短も取り入れている職場に入れたのはとても幸運と感じていた。インテリアや設計補助の仕事を任され、大変ながらもやりがいのある仕事に充実していた。

しかしあるとき夫の広島転勤が突然決まり、やむなく仕事を辞めることになった。自分のやりたい道がようやく開けてきたところだっただけに、残念で仕方なかった。

それでも、広島での夫婦ふたりの生活は楽しいものだった。仕事中心の生活から解放され、料理教室や陶芸教室、プチ旅行など、転勤生活を満喫していた。そんな生活も二年で終わり、妊娠、出産、そしてまた転勤で引っ越し。第二子出産、マイホーム建設、夫の海外単身赴任、とその後は慌ただしい生活が続いた。

子育てとの狭間で悩む自分

「また仕事がしたい……でも子育てに時間をかけたいから、今は仕事に戻れない……ブランクがどんどん空いて、職場復帰なんてできるのかしら……かといって、ずっと子育てだけで自分のやりたいことができない生活を続けるのも不満……」

真弓は、暮らしを満喫しながらも、漠然とした悩みをずっと抱えていた。

専業主婦としていつも子供のそばにいられるこの生活はとても幸せだとわかっている。でも、着実にキャリアを積み重ねている学生時代の友人の話を聞くと、あせりのような感情を抑えることはむずかしかった。

マイホーム完成直後、まだ第二子が四か月のとき、夫のミャンマー単身赴任が決まり、あっという間に出発してしまった。まだ家の中の使い勝手もわからず、外まわりや庭も整っていない状態。幼い子供ふたりと真弓は、慣れないところに置き去りにされたような不安な気持ちになった。

〇歳の赤ちゃんの夜泣きと授乳で寝不足が続き、体力的・精神的にも疲れていた。三歳の上の子が赤ちゃん返りをし、「うるさいっ！　もういい加減にしてよ！」と声を荒らげてしまうこともたびたびあった。ママしか頼れない幼い子供の気持ちを考える余裕がなくなっていた。このままではいけない、母親失格だ——と落ち込み反省するものの、自分の気持ちを素直に話せる人は近くにいない。海外単身赴任中の夫に心配させるだけの長話をするわけにもいかない。真弓には気分転換できる時間が必要だった。

そんな日々が続いていたある日、真弓は、「子育てしながらでも、自宅を活用して何かできることがあるのでは？」とふと考えた。そして、自分も楽しみつつ、同じような悩みを抱える他のママたちにも楽しんでもらえる場を提供できたりしたらすてきかも、と思ったのだ。

本当は、大好きなインテリアの仕事が自宅でできるのが理想。でも、現実的には子育てしながらではむずかしい。だったら自分の家に来てもらおう！　もともと家に人を呼ぶことが好きだった真弓は、自分の一番居心地がいいと感じる自宅で、子育て中のママも参加

OKの子連れワークショップを企画した。時々参加していた地域の子育てサークルがあったが、それよりももっと楽しいことを自宅でできればいいと考えたのだ。

新居に遊びに来てくれた友人たちが皆、「この家、カフェみたい。居心地がいいわね」とほめてくれたことも、「自宅で何か始めてみようかな!」と思えたきっかけになった。

家開きの準備はほとんどゼロ

もともと人と話すことが好きな真弓にとっては、家を開くことがそれほど億劫ではなかった。最初から大人数を集める必要なんてない。広さや必要な椅子の数も、今あるもので十分。インテリアが好きな真弓は家具や雑貨もこだわって揃えていたため、さほど準備することもなかった。相談した友人がワークショップの内容や進め方について相談にのってくれ、背中を押してくれたことも大きかった。

家を建てるときにはワークショップを開くなどとはもちろん予想していなかったので、特別な設計はされていない。ただ、間取りやインテリアにはこだわって建てていた。

家族との会話がしやすいようにリビング階段を採用し、どこにいても人の気配が感じられる間取りにした。吹き抜けで明るさと開放感を生みだし、照明はブラケットやペンダントなどを組み合わせることで、生活のシーンに応じて明るくしたり落ち着いた照明にしたり、使い分けられるようにした。

素材もこだわり、無垢の床材や漆喰の壁を採用した。自然素材は人を癒やす力を持っているからだ。家に来てくれる人は口を揃えて「この家は居心地がいいね。また来たい！」と言ってくれる。

家開きには家族の協力が必須だが、ミャンマーにいる夫に相談したところ、「いろいろやってみたらいいんじゃない？」と、前向きに応援してくれたことが大きかった。

最初のワークショップ

最初に開催したワークショップは「ハロウィンに向けたプリザーブドフラワーアレンジメント作り」。駐車場がない住宅街のため、遠方に住む昔からの友人にはなかなか声をかけられなかったが、まずは近所に住む友人や子育てサークルで出会ったママ友に声をかけた。するとその友人の友人にも声がかかり、あっという間に人が集まった。チラシは自宅で簡単なものを作成し、コピーして区役所や地区センターなどにも置いてもらうことで、少しずつではあるが認知されていった。

第一回目の「家開き」ワークショップには八人が参加してくれた。

ワークショップの段取りはこうした。

まずは来た人から順に参加費を徴収、簡単にはがせるシールに記名して胸のあたりに貼ってもらい、軽くおしゃべりタイム。初対面の人もいるため、名前を伝え合ったほうがより交流が深まるからだ。子連れの場合は子供の名前も書いてもらった。

ワークショップ自体はダイニングテーブルで行うが、初めから対面して座ると緊張するので、人数が集まるまではリビングで自己紹介をしながらくつろいでもらうことにした。そのほうが、子連れのママにとっても、抱っこしている赤ちゃんを降ろしやすいので安心できる。

そして、リビングダイニングのすぐ隣にある和室で自分の子供がふだん使っているおもちゃを自由に使ってくださいと案内をする。ひとり歩きできるくらいの子供なら目新しいおもちゃにすぐ夢中になり、ママも手が離れてよろこんでくれた。また、もう少し大きな子供の場合、二階の子供部屋で自由に遊んでもらうこともある。真弓の子供はまだ小さいため、子供部屋にはほとんど家具はなく、将来的に仕切れるようにと二部屋分をひとつのスペースにしているため、遊ぶには充分な広さがあった。安全のため、リビング階段にはロック付きのセーフティーゲートを取り付けてある。

いよいよワークショップ開始。講師の自己紹介から始まり、フラワーアレンジメントを教えていく。すでに慣れている人もいれば、こういった経験自体が初めてで緊張する人もいる。

ワークショップの間、真弓は一緒に参加者としてそれを楽しむこともあれば、小さい子供を見守るなど、臨機応変に臨んだ。自分の子供が参加者の子供と一緒に遊んでくれることで真弓自身が助かることもあった。

ワークショップ終了後は参加者全員で三〇分のティータイムをとった。淹れたてのコーヒーとお茶菓子。参加者同士での交流が進み、みんな楽しんでいたようだ。

「近所に子連れでこんなに楽しめる場所があるなんてうれしい」

「月二回あった集会所の子育てサークルが最近なくなってしまい、行ける場所がなくて困っていた」

「季節のインテリア雑貨にもなるフラワーアレンジメントが手作りできて楽しい」

予想以上に参加者によろこんでもらえたことが、真弓はうれしかった。真弓自身も子育てを忘れて楽しいひと時を過ごせた。

さまざまなワークショップを無理のないペースで開催

その後もさまざまな内容のワークショップを順調に開催していった。アロマのハンドクリーム作り、マクロビオティックの料理教室、草木染め、親子リトミック、自家製味噌作り、スキンケア講座など、自分が興味があるものを月に一～二回企画し、大いに楽しんだ。

講師はすべて育児中のお母さんたち。そのほとんどが、子育てサークルで出会ったママ友だ。すでに個人事業主として始めている人もいれば、そうでない人もいた。それにしても、こんなにも特技を持っていて、自分で発信したいと思っている人がたくさんいることに驚いた。漠然とした悩みを抱えながらも、形にできず悩み続けているママは本当に多いのだと。それを自分が手助けできるとしたら幸せなことだと感じた。

ワークショップは、もちろん子連れ歓迎。ホストである真弓自身も子連れなので、ワークショップ中は授乳もおむつ替えも、泣いても騒いでもOKというルールにした。手の空いている人が他人の子供の面倒を見ることもあった。ママ自身が気兼ねなく楽しめることでリピーターも増えていった。

とはいえ、毎回違う内容を企画し、チラシをその都度作成して、その集客や講師となる人とのやり取りをするには手間がかかった。対象が子育て中のママということから、ワークショップの価格設定も高くはできない。ワークショップをはじめて二年が過ぎた頃、真弓は、このままこの形で続けていくのはどうなのかと、少し不安に思ってきた。「楽しいけれど、これでは仕事としてはやっていけない」ちょうどそのとき、以前勤めていた職場から「働きたいなら戻ってきたら」と思いがけない誘いがあり、仕事に復帰することが急に決まった。

マルシェで家開き

週三日の時短勤務で働くことになった。フルタイムではないといえ、さすがに月二回のペースでワークショップを続けていくことはむずかしくなった。ただ、せっかく我が家の家開きを楽しみにしてくれていた人たちが増えてきたのにあっさり終わらせてしまうことも残念だった。そこで真弓は、家開きの形を変えることにした。ハンドメイド製品や手作りパンなどの出品者と客を同時に集め、その場で販売するマルシェ形式に変えたのだ。

ある日、友人数人といっしょに、葉山の小さなお宅の一角で開催されていた、雑貨や食品が所狭しと並ぶマルシェに足を運んだ。そのときに真弓が、「うちでもこんなマルシェをやりたいな」となにげなく言ったところ、「え？　じゃあやろうよ！　やれるよ！」と友人たちが賛同してくれた。

彼女たちとはワークショップで知り合った。天然酵母パンを作って自宅で教室を開いている人、洋裁が得意で洋服や子供用品を手作りしている人、アートや自然に興味があって発信したいと思っている人、医学療法士とボディケアの資格をもつ人など、それぞれ特技を持っている。ランチをしながら話は盛り上がり、「じゃあ、企画してみる！」と真弓は宣言した。マルシェはその友人たちが出品者となるので、彼女たちの情報発信力のおかげで、真弓はさほど集客をがんばらなくても人は集まった。

こうして、真弓の家のリビングダイニングで一日限定のマルシェが開かれた。手づくりのパン、アクセサリー、服、雑貨の販売、マッサージ、お絵かきワークショップなど、全部で八人が出品した。

開始時刻の一〇時すぎには、すでに会場はママと子供たちでびっくりするほど一杯になった。量販店で売っているのとは違う、手作りの一点物の雑貨を、ママたちは楽しそうに選んでいた。三〇人近くの人たちが来てくれ、第一回のマルシェは大成功に終わった。

その後も真弓は、半年に一回のペースでマルシェを開催するようになった。そのうちに、マルシェに来てくれた友人が「私の友達でこんなことをしている人がいるの。ここのマルシェ出品者としてぴったりかも」と、特技を持つ人を紹介してくれたり、マルシェに来てくれた初対面の人からいきなり「出品させてほしい」と頼まれることもあった。回ごとに出品内容も違うものになり、「マルシェが楽しみ」と言ってくれる人も増えた。まだ住み始めて数年の土地で、人とのつながりがぐっと広がった。

小学生になった上の子供も、真弓がやっていることを少しずつ理解してくれた。学校から帰宅するとマルシェが開かれていて、参加者と同じように自分のおこづかいでお菓子を買ってみたり、おえかきワークショップを楽しんだり。「次のマルシェでは自分も何かを売りたい！」と、ママが開くマルシェを楽しみにしてくれるようになった。ただしこのマルシェは子育てママが中心のため、開催時間が一〇時〜一五時頃と、就学中の子供が参加するのはむずかしい。子供も参加できる日時のパターンも試してみたいと考えている。自分の生活スタイルに応じてパターンを変えていけるのも、家開きのメリットだ。

家開きを通じて広がる地域の輪から　より大きな輪へ

家開きを通じて、真弓は本当に多くのものを得られたと思っている。講師を務めてもらったほとんどの人は、事業を始めるほどではない駆け出しの人たちだったが、その人たちのステップアップの場になれたことがうれしかった。新たに自宅でお店を開いたり、ネット販売を始める決意をしたり、マルシェでの出会いから、別のマルシェからお誘いを受けることにつながったり……一歩を踏み出すきっかけを真弓が与えたことで、思いがけず感謝された。

真弓は、地域の中で新しい友人が増え「輪が広がる」とはこういうことなんだな、と身をもって感じた。「フェイスブックで知りました」と、遠方からわざわざ足を運んでくれる人もいる。そんな人が、またどこかでつながって輪が広がる。小さな一軒家からの発信から、点と点が線になり、いつか大きな輪となっていくよろこびを感じている。
これから歳を重ねても人が通い合う家で、元気に楽しく暮らしていくことが、真弓の理想だ。

薫からのアドバイス

◉子育てはひとりで悩まない！　ストレスを感じるときこそ家開きをしよう！

核家族化された今、子育てママはさまざまな悩みを抱えている。

・ひとり子育ての不安――これが正解？　自分の育児方法が正しいのかどうかの不安。

・自由がないことへの不満――子連れで外出するのは大変、気楽な居場所が少ない。育児以外の楽しみが少ない。

・体力減少からくるストレス――睡眠不足や出産、授乳疲れによる体力減少が精神的ストレスにもつながっている。

・育児と家事のダブル負担――育児だけでも労働負担が大きい上、これまでと同様に家事をこなすことが当然という風潮から無理をしてしまう。

出産や育児は人生の中でも、女性として経験できるすばらしい幸せだ。それがいつしか、自分が我慢している、という「自己犠牲」から不満や不安を抱える人が増え、「産後うつ」や「育児放棄」、「幼児虐待」といった社会問題にまで発展しているのが現状だ。

そこに共通しているものはどれも、「ひとり」で悩み・ストレスを抱えていること。子育てはひとりでしない！　ひとりで悩まない！

ママになっても自分が楽しいと思うことを考えて行動してよいのだ。そして、「人と交流したい」「家開きをしたい」「自宅で趣味を仕事にしたい」そう思ったら、まずは身近な人に相談してみることからスタート。まわりに公言することで、思いがけないアシストが受けられたり、自分を奮い立たせるプレッシャーにもなり、実現に近づいていくもの。

家開きの良いところは、いつでも自分のペースやスタイルで、形を変えられること。また自宅で行っているので、店舗を構えるのとはちがい、家開きの形を変えることで出費がマイナスになることはない。家開きが嫌になったら、やめてもいい。自宅だからこそ、自分次第でどうにでもできるのだ。自分が出来ることより、楽しい気持ちになれることを一番大切にすること。それがママの笑顔になる。

ママ自身がいろいろな人に直接出会い、話すことで刺激を受け、「世の中にはさまざまな人がいる」ことを知る。単に人の輪が広がるだけでなく、考え方や価値観など、自分の世界も広がる。SNSからの情報だけでは知り得ない、生の人との出会いから得られるものは大きい。そんな大人たちの中で育つ子供は視野が広くなり、コミュニケーション能力のある大人になっていくのだ。

6 「好き」を自分のペースで仕事にする　五〇代主婦

自宅でお菓子教室を開く

櫻澤佳子の家開き

専業主婦という幸せ

櫻澤佳子は大学を卒業すると事務職につき、二年後、結婚を機に退職した。いわゆる結婚と同時に家庭に入る寿退職だ。四年生大学を卒業する女子がまだ少ない頃であり、当時はこれが普通だった。妻を専業主婦にできるくらいの稼ぎがある男性と結婚し、子育てに専念する良妻賢母の主婦は、やはりあこがれだったのだ。

佳子は大企業に勤める夫の一郎と、横浜の私鉄沿線の庭付き一戸建てに住み、元気な三人の子供にも恵まれた。誰から見ても幸せな専業主婦だった。男の子ふたりと女の子の三兄妹、毎日の子供たちの洗濯物だけでも大変だったが、子育ては楽しかった。食事やその準備、買い物、それぞれの学校のことであっという間に一日が終わる。自分の時間などまったくなかった。だから子育てに専念しているときは、自分がもう一度働くなんてことは頭の片隅にもなかった。

しかし子供たちがだんだん大きくなって時間に少しずつ余裕ができると、自分は社会とのつながりを持たない、取り残された人間のような気持ちになることが増えてきた。また働く？ そう思うこともあったが、冷静に考えれば、自分には特別なスキルも経験もない。夫の収入に不満があるわけでもない。フルタイムの仕事に戻るのは正直気が重い。今の生活を変えたい気持ちはあるが、そこまでのふんぎりがつかず、しかしぼんやりとした虚しさは日に日に増していっている。どうすればいいのか。自問自答の日々が続いた。

下の子供が中学生になったとき、佳子は思いたって本格的なお菓子作りを学ぼうと学校に通いはじめ、資格も取った。もともとお菓子作りは好きで、多少の自信もあった。お菓子のトレンドもフォローしてきたつもりだ。資格取得後、大手のケーキ教室でたまたま臨時講師の空きがあり、試しに応募したところ幸運にも採用され、週三回のペースで働き始めることになった。臨時講師とはいえ、自分が好きで得意なことを仕事にでき、一生懸命働いた。

ただ、働くうちに、雇われている立場であるがゆえの、納得のいかないことも出てきた。自分がいいと思うメニューではないものを教えなければならないこともあり、本当は気が進まないお菓子作りを生徒に教えることに後ろめたさを感じるようになった。また、講師としての経験を重ねるうちに、担当する教室の数やメニューの数が次第に増え、移動や準備にも負担を感じるようにもなってきた。

好きなことを仕事にしている友人との再会

五〇歳の節目の年、佳子は高校の同窓会に参加した。久しぶりに会う同級生たち。皆それぞれの人生を歩んでいる。その中に井上薫の姿があった。

薫は、ふたりの子供を育てながら個人で建築設計事務所を営んでいる。事務所は今年で二〇年になるそうだ。

「そろそろ事務所を法人化しようと思っているの」

「そうなの！　すごいわね！」

佳子は薫のことを素直に尊敬すると同時に、うらやましくも思った。

佳子は、自分の人生を考え直す時期に来ていると感じていた。子供たちは大学生となり、やがて社会人になり巣立っていくだろう。大手企業で働いている夫は仕事と趣味で忙しく、家にいる時間は少ない。家族それぞれが自分中心で動いている。妻と母という役割が終了するわけではないが、夫や子供を第一に考えるのではなく、自分も自分中心で動く時期に入るべきではないかと思っていた。今はケーキ教室の講師として忙しく働いているが、自分が本当にやりたいことを自分のペースで仕事にできたらどんなにいいだろうか……。

同窓会以来、佳子はそんな夢を膨らませていた。

自分の本当の夢

佳子にとって、自分のオリジナルケーキを考えて試作している時間が何よりの幸せだった。季節の果物をの使い方、新しい飾りつけの方法などを考えていると、あっという間に時間が過ぎていく。友人から「佳子さんのケーキ、また食べたい」とオリジナルケーキをリクエストされると、夜遅くまでケーキを作ることもあった。

「自分の作りたいケーキだけを作っていたい。もっと多くの人に食べてもらいたい」そんな自分の夢が、佳子の中で具体的になってきた。

「そうだ、私だけのオリジナルケーキを販売しよう！」

夢が広がりうれしくなって、一郎に話してみた。しかし一郎は、「君がやりたいというのなら……」とぼそりと言うだけで、応援してくれるようすはなかった。どうせそんなことは無理だろうという顔でこっちを見向きもしなかった。その態度には腹がたった。

しかし、この年になって自分のケーキ店を作り、オリジナルケーキを販売するほどの勇気も財力もないことはわかっていた。主婦は銀行からお金を借りることもできない。仮に借りられたとしても、返せる自信なんてない。ケーキは生ものだから、作ったらその日のうちに売らなければならない。売れ残ったらどうしよう。やっぱり無理なのか。考えれば考えるほど、できない理由ばかりが頭に浮かんできた。

自宅でカフェを開きたい

同窓会から一か月後、佳子は建築士である薫に自宅に来てもらった。薫が佳子の家を訪問するのは初めてだ。ハウスメーカーが建てた家は、二階建ての軽量コンクリート造りの立派なものだった。道路から両開きの門扉を開けて玄関までいく通路の右側に、手入れの行き届いた芝生の庭が広がっていた。

薫は玄関に入ってすぐ右手にある一〇帖ほどのダイニングリビングに通された。庭がよく見える。年期の入ったシックなこげ茶の家具と白い壁が美しい、落ち着く静かな佇まいだった。しかし家族が多いせいか、雑誌や新聞、小物類がそこかしこに置かれていて、生活感にあふれてもいた。

「時間がなくてゆっくり片付ける暇がないのよ。最近は外に出ることが多くてね」佳子はそう話しながら、準備しておいたオレンジのオリジナルケーキと紅茶を出してくれた。

「じつはね、家を増築してカフェをつくって、私が作ったお菓子を販売したいの！　それで庭のテラスでお客さんにくつろいでもらうの。すてきじゃない？」

「えっ、ここにカフェをつくるの？」

室内のリフォームの相談かと思って来たら、かなり大がかりな要望だったことに薫は驚いた。建築的に考えても、増築してオープンカフェを作るには予算がかなりかかるだろう。

「うーん、けれどここらへんは住宅地だし、前の道路もすぐ行き止まりだったわ。人はあまり通らないんじゃないの？」

思ったままを薫が口にすると、佳子の顔が悲しそうになった。佳子はかなり本気なのだろう。薫は佳子の熱意を尊重したいと思い、とりあえずは、佳子の思っていることをそのまま聞いて、設計図に落とし込もうと思った。

佳子の本気

庭にいくつかのテーブルを置き、ケーキが飾れる透明な大きなガラスケースがある店舗の増築設計図ができた。施工会社に見積りをとると、案の定工事費は一〇〇〇万円近くになった。カフェをつくるとなると水まわりに大幅に手を加えなければならず、費用が膨れ上がる。それに増築部分はどんなに小さくても、屋根や外壁など職種が異なる工事が複数必要になるので割高になる。また確認申請や保健所の許可など、素人の佳子にとってはハードルが高いように思えた。

「夫にお金の工面をお願いするなんてできないわ。家族に迷惑をかけられない。私が貯めてきた五〇〇万円で、設計からすべてなんとかできないかしら？」

見積り金額を見て、佳子は言った。夫にはお金を出してもらわないと同時に、口も出してほしくない。佳子がやりたいようにやらせてほしいという強い思いが伝わってきた。

薫は、一からプランを考え直すことにした。そもそも、三人の子供たちはもう大学生だ。近いうちに家を出ていくだろう。そうなると三人の子供部屋は空き部屋になる。そんな佳子の家に、カフェスペースをさらに増築するなんてもったいない話だ。佳子が本当にやりたいことはなんだろう？「カフェ」という形にこだわらなくてもいいのではないか？

薫は考えた。

プラン変更

次の打ち合わせで、薫は自宅でお菓子教室を開くプランを提案した。

「不特定多数が出入りするカフェじゃなくて、特定の人間が出入りする個人教室だったら保健所へ届ける必要はないし、わりと簡単に始められるのよ。それにここは自宅なんだから、誰が来るのか初めからわかっていたほうが安全だし、安心よ」

さまざまな条件を総合的に考えた、現実的なプランを薫は提示した。

「庭に増築するのはやめたほうがいいと思う。せっかくのすてきな庭じゃない。生徒さんにとっても価値のある庭だと思うわ」

薫は、今あるキッチンとダイニングリビングをリフォームしてもっと活用しやすくしようと提案した。というのは、この家のキッチンは独立していて、ダイニングリビングとの間に壁があるために暗かったのである。壁にはキッチンの中が見えない程度にカウンター付きの小さな窓が付いていて、料理を出したり皿を下げるには便利なのだが、実際は窓のあたりには雑然と小物が大量に置かれ、どう見てもカウンターと窓は有効に活用されていないようだった。

薫は率直にそのことを指摘し、思い切ってこの壁を取り払って明るいキッチンにすることを勧めた。キッチンとダイニングリビングをワンルームのようにして、見せるオープンタイプのキッチンを設置する。そして今あるキッチンの位置はほとんど変えず、活用できる配管は再利用して設備工事費をできるだけ抑える。キッチンを対面式にして両側から使えるようにする。ただし既製品の対面式キッチンは高額だから、普通の壁付タイプの標準仕様のキッチンを設置して、裏側にはシンプルで丈夫な腰までのデザインパネルを貼る。薫は費用を抑えられるさまざまな方法を示した。

そして、昼間は教室、夜は家族のスペースとしてひとつの空間を時間帯によって使い分ける方法を提案した。そうすれば予算は大幅に抑えられる。土日に家族がいるときにも教室を開けるよう、ダイニングキッチンとリビングの間を引き戸で仕切るアイデアも盛り込んだ。

「たしかに、ダイニングキッチンで教室を開くという案はいいかもしれないわね。これまでの講師の経験も活かせるし、工事費も抑えられそう」

佳子がそう言ってくれて薫はほっとした。だがもうひとつ佳子の表情がさえない。

「ただ、これまで家に誰かを招くことは少なかったから、家族と同じ場所を使うことで迷惑をかけないか、心配だわ」

家開きには家族の理解と協力が欠かせない。佳子の気持ちは理解できる。

「不安な気持ちはわかるわ。でも人が家に来るって、意外といいものよ。家をきれいにしようって気持ちになるし、子供たちにとってもいろいろな人とふれあう機会があることはいいことだと思う。家族にも協力してもらう方向で考えたらどうかしら?」

薫の言葉に佳子が自信なさげに頷く。最近の一郎はリビングにもダイニングキッチンにも必要がなければ入ってこない。二階の自室にいることが多く、家族全員が団欒する時間はほとんどなくなっていた。

家族の協力なんてありえない、邪魔さえしてくれなければそれだけでもう充分だわ――

佳子は心の中ではそう思っていた。

薫からのアドバイス

●部屋を時間帯に分けて活用する

多目的に使えるフレキシブルなリビングを作ることによって部屋の活用方法を時間帯で変えて使える。キッチンも時間帯によって自宅使用と教室使用に使い分けることができる。住まいをフル活用することで無駄を省く。

●リフォーム内容は、その家ならではの良さを客観的に再確認しながら進める

窓から見える景色や陽当たりなど、その住まいならではの良さを大切にする。再利用できるものは可能な限り活用する。

◉標準サイズの既製品を活用するとリフォーム工事費を抑えられる
大量生産の手頃な既製品に少し手を加えてオリジナルなデザインにして個性を出す。

◉大きめの収納をすぐに使える場所に設置する
時間帯によって、家族の部屋とサロンの用途を使い分ける場合は、すぐに片付けられる大きめの収納がそばにあると便利だ。収納は置く物の定位置を決めておくと、誰でも片付けやすい。基本的にシンプルであれば、片付けもラクになり、掃除もラクになる。

リフォーム完成、お菓子教室のオープンと集客方法

二〇〇七年夏、佳子の家のリフォームが行われた。
薫は、食器棚や冷蔵庫まわりやドアなど、そのまま使える部分は極力残して、工事費用をできるだけ抑えた。そして、佳子の作業の動きをこまかくチェックしたうえで照明の位置や光の種類を調整した。壁紙クロスの色を使い分けたり、ちょっとした工夫を重ねれば、

平均的な費用の範囲内でおしゃれな感じにみせることは十分可能だ。訪れる生徒さんが楽しくなり、ほっとできる空間になるように、薫はインテリアの細部までこだわった。

その年の秋、佳子のお菓子教室は完成した。だがこれでめでたしとはならない。どうやって生徒を集めようか、佳子はずっと考えつづけていた。

玄関前に看板でも出そうか？　いや、自宅の玄関なのだから大きな看板は出せない。かといって小さな看板ではあまり意味がない。それに自分だけの家ではないのだから、家族が嫌がるようなことはしたくない。

とりあえずは、ホームページでも作ってみようか？　いくらかかるのだろう？　どうやって作るのだろう？　お金をかけずに集客するにはどうすればよいのだろうか？　せっかく作った部屋だ。工事期間中がまんしてくれた家族の手前もあり、早く集客したいと佳子の心はあせった。

とりあえず、佳子のケーキが好きだと言ってくれた友人や近所の人に、教室を開くことを話してみた。するとすぐに「佳子さんのおうちで習ってみたい」と言ってくれた人がいた。

まずはふたりだけの生徒から始めた。初めての自宅教室の生徒は気心知れた人たちだったので、佳子も気負わず楽しみながらスタートできた。最初からたくさんの生徒でなかったことはかえってハードルが高くなく、良かったかもしれないと内心思った。生徒がよろこんでくれる顔がうれしくて、佳子は夢中になってメニューを開発した。自分が持っている知識は惜しみなく伝えたい。お菓子教室への思いはどんどん募っていく――しかし、ケーキ教室の生徒はなかなか増えなかった。

知り合いに頼んで無料のホームページを作ってもらったが、問い合わせはまったくなかった。集客したいと思ってはいても、どうすればよいのかわからない。佳子は、とりあえずは自宅として活用しているのだからリフォーム自体は無駄ではなかった、自分が気持ちよく新しいキッチンに立てるだけでも幸せだと思うことにした。今は集客をあせるのはやめよう。せっかくきれいになった我が家なのだから、これまで通り友人を気楽に招き、自分のケーキでおしゃべりでも楽しんでもらおう、と気持ちを切り替えた。

そうこうしているうち、広々としたリビングダイニングで緑あふれるお庭を見ながら行う佳子の教室は居心地がいいよ、とだんだん評判になっていった。ひとり、またひとりと口コミで自然に生徒が増えていった。無理をせず、ゆったりした佳子の気持ちがしだいに皆に伝わって、「きれいな庭を見ながら楽しく習えるケーキ教室」のイメージが定着した。

自分のペースで仕事ができること、自分が本当にいいと思ったメニューを生徒に提供できることを佳子はうれしく思った。生徒から授業料をもらってはいるが、それ以上に彼らのよろこんだ顔を見ることが、何よりの報酬だった。自分もそれ以上のものを生徒に返さなければいけないと思えるようになり、がんばろうと素直に思うようになった。

当初、佳子は家族との関係を心配していたが、夫も子供も特に難色を示すことはなく、水を得た魚のようにいきいきとした佳子の姿を見守ってくれた。佳子が慣れないパソコンでレシピづくりに奮闘していると、息子が書式の雛形をつくり、佳子が文字を打ち込むだけの状態にしてくれるなど、思わぬところで協力してくれた。娘と夫は具体的に何かをしてくれるわけではないが、その言動から静かに応援してくれていることもよくわかった。

オープンサロンで広がる人の輪

オープンから二年後、佳子の教室は一三クラスまで増え、人気教室となった。ただ、せっかく一三クラスもあるのに、クラスが違う生徒同士の交流がないのはもったいないと思った佳子は、二〇〇九年秋、生徒同士の交流の場として「オープンサロン」を開くことにした。

これ以降、オープンサロンは年に二回、春と秋に三日間定期的に開かれるイベントになった。日中の一三時から一七時まで、庭から自宅のＬＤＫまでを開放して出入り自由にする。生徒たちと会話を楽しむお茶会には一日に一五～二〇人くらいが訪れ、時間帯によっては、琴が得意な友人やピアノがうまい子供に演奏してもらって小さな発表会になることもあった。そしてオープンサロンも教室同様、生徒の家族や友人がそのまた知り合いを連れてくるといった具合に広がっていった。

「本日オープンサロン　気軽にお立ち寄りください」「ケーキ教室」オープンサロンを開く日だけは門扉の前に目立つ看板を置いた。ふだんはあまり交流のない向こう三軒両隣もこの日ばかりは声をかけ、お騒がせしますとわびながらも挨拶をしてまわった。

家開きをした佳子を中心に、人とのつながりがどんどん広がっていった。オープンサロンで初対面の人同士が楽しく会話をするようすを毎回見ていると、人と人のつながりはまるで化学反応のようだと佳子は思う。

薫からのアドバイス

◉集客は小さく生んで大きく育てる!

・自分が楽しみ、心に余裕がないと人は集まらない。
・集客は知り合いを中心に小さく集め、紹介で輪を少しずつ広げていく。
・何人集めたいか、どんな人に来てほしいかを明確にしておく。

・世代や職業が違う人の参加を検討する。

人を集めるとなるとたくさんの人をと意気込む人は多い。何人くらい集めたいのか、まずは現実的にイメージしてみよう。密にコミュニケーションをとりたいならば二〜三人がよい。とにかくたくさん、と最初から欲ばる必要はない。ひとりでも立派なお客さまだ。自分のコミュニティに最適な人数は何人くらいか、だんだんわかってくる。心に余裕をもった楽しそうなところに人は集まるという心構えを忘れないで。

また、どんな人に来てほしいかを考えておくことは特に大切だ。自宅で行うのだから、犯罪に巻き込まれるリスクを回避するのは当然。安心できる人に来てもらうことが基本だ。はじめは自分の友達や知り合いから、次は直接の知り合いではなくても共感してくれそうな人、少しずつ輪を広げていけば安全だし、安心だ。そのうえで、世代や職業が違う人にも参加してもらうことを意識しよう。

同じ世代、同じ職業、同じ立場――価値観が同じ人と一緒にいるのは楽だが、あまり発展しないとも言える。たとえばママ友同士の会話は、最後にはたいてい子育ての悩みや夫の愚痴になりがちだ。でもママ世代がシニア世代と話すと、長い時間軸の視点から貴重な助言をもらうこともある。価値観の異なる人とつながることで新たな発見が次々に生まれ、さらに有意義なコミュニティになる。継続もしやすい。

夢はどんどん進化し広がる

オープンサロンには意外な収穫があった。たくさんの人から「持ち帰りのお菓子が欲しい」という要望が出て、ケーキやクッキーの販売も行うようになったのだ。オリジナルケーキを販売したいという佳子の夢が、こんなきっかけでかなえられた。売れ行きは好調。持ち帰りもできると口コミでわかるとさらに多くの人が来てくれて、あれはないか、これはないかとケーキのリクエストも増えていった。でも佳子は、持ち帰りのケーキ作りはあまり手を広げず、ほどほどにすることにした。あれほどやりたかったケーキの販売だが、もうケーキを売ることが一番やりたいことではないように感じてきた。大量にケーキをつくるよりも、自分の好きなことで人がつながり、みんなが笑顔で集まってくれることに幸せを感じるようになってきた。

大人数が家に来ると準備も当日も大変でしょう、とよく言われる。しかし佳子は、前日までの準備は大変でも、当日は来てくれた人とお茶を飲みながらゆっくりおしゃべりを楽しむことにしている。こういう時間が大切だと思えるようになってきたのだ。お茶出しは生徒さんたちに交代でお願いし、会計は自分で計算して箱に入れるセルフ式だ。自分ですべてをやろうとせず、まかせてよい部分はまかせて無理をしないことが継続の秘訣でもあり、佳子のスタイルとなっていった。

オープンサロンでは三人の子供たちも準備から手伝ってくれるようになった。ゲストとの会話を楽しむ子供たちの姿を見ると、薫が言っていた通りに家族を巻き込んでよかった、と佳子は思うのだった。

佳子のこれからの生き方

二〇一七年、お菓子教室をオープンしてから一〇年が経ち、佳子は六〇歳になった。三人のうちふたりの子供たちは結婚して家を出た。夫の一郎は以前よりは帰宅が早くなり、最近は出社しないで在宅で仕事をすることも多くなってきた。おだやかな性格で読書好きの夫はあまり外出はしない。週に一回のテニスとたまに外で友人と飲むことをのぞけば、たいていは二階の自分の部屋でひとりの時間を大切にしていた。佳子のオープンサロンに顔を出したことはまだない。

ある日、めずらしく一郎から「話がある」と言われた。

「じつは、別居したいと思っている」

驚いた。なぜ？　何かあったのか？　ケーキやオープンサロンがやはりいやだったのか？

「ぼくも年をとってきた。子供も独立していった。そろそろ自分の働き方やこれからの人生をどうやって楽しむか、根本的に考えようと思っている。母の介護のこともある。これまで以上に介護しなければならないだろう。きみはきみでいそがしい。いろいろ考えると、いま入っている厚木の介護施設の近くにぼくが住まいを借りて、別居するのが一番いいと思う」

一郎は、自分も佳子もそれぞれやりたいことを尊重するため、パートナーとしての関係はゆるやかに結びつつ、互いに自由な生き方を楽しむ別居、いわゆる「卒婚」の道を提案してきたのだ。

佳子ははじめは戸惑い、受け入れられなかった。しかし今の佳子のまわりには家族以外の世代を越えた友人がたくさんいる。一郎の提案は、自分の親は自分で看るから佳子には今のままの生活を続けていってほしい、という優しさから出てきたものだと理解した。

そして佳子はひとり暮らしになった。

お互いが納得して前向きな選択ができたのも、年金に加えてケーキ教室やケーキ販売の収入があればこそだ。佳子は八〇歳まで、つまりあと二〇年はお菓子教室を続けていきたいと思っている。新たに、誰でも参加できる料理イベントも時々開催することにした。死ぬまで好きなことを楽しみながら今の家で暮らし続けるため、地域の人とのつながりをもっと広げていき、世代を越えた関係を作りたいと思っている。

たまに帰ってくる一郎とは、子供や孫をかこみながら一緒に楽しい時間をすごしている。佳子は、自分たち夫婦の場合は、適度な距離ができたことで互いにゆとりができたのだと思っている。もしかすると今が一番、相手のよいところを認めあう、よい夫婦になっているのかもしれない。

薫からのアドバイス

◉五〇代は自分を見つめなおすチャンスの時代！

五〇代は家族が変わる時期だ。子供が成人し、子育てを中心とした生活から夫婦の関係を中心とした生活に変わる。同時に、自分の親がいよいよ老いていく時期でもある。

そして、これから自分はどうなるのか、どうしたいのかを考える時期だ。

もう若いわけではない。ならば自分が好きなこと、自分が選んだことを、もっとわがままにやりたいと思うのは自然な流れだろう。特に家族を第一に考えて家庭を守ってきた専業主婦にとって、もう気兼ねせずに自分の思いを行動にしたい、家族に自分の気持ちをわかってもらいたいと思うのは当然ではないだろうか。

しかしそのとき、一番の障害になるのが身近な人であったりする。家族は一番結びつきが強い、と人は思う。それは同時に、もっとも大きな障害にもなりうることを意味する。

もう自由にやらせてほしいと思うならば、相手の自由も尊重しなければならない。今まで妻は夫のために、夫は妻のために、親は子供のために、自分のやりたいことを少しずつ我慢してきた。そんな家族が自分を応援してくれるか、障害になるかは、それまでの関係がどうだったかに大きく影響を受ける。

恩とか義理とか義務とかいう世間の価値観で、これからの老後の家族のあり方に縛られるのではなく、残りの人生を悔いがないように生きるためにも、自分にとって何が幸せなのかを五〇代では考えたい。互いを尊重し、常識にとらわれないその家族だけの関係性を築くことで、新たな幸せが生まれてくる。

7　定年後の生き方を考える　六〇代男性

物置小屋をリフォームしてシニア世代の居場所にする

阿部聡の家開き

定年後をどうするか

阿部聡と妻の洋子は、週末、久しぶりに晩酌をしながら、これからのふたりのことについて話していた。昨年ひとり息子の圭太が結婚して家を出ていったので、家族で住んでいた品川駅に近いマンションは夫婦ふたり暮らしになった。

「俺、六〇になったら圭太に税理士事務所をまかせて、仕事量を減らそうと思ってる」

「あら、そんなこと考えていたの？」

洋子は少し驚いた。

「ああ、零細事務所の経営者は後継をどうするかはしょっちゅう考えてるもんさ。あいつだっていつまでも俺がボスだと動きにくいだろ」

「そう……まあ圭太も家庭を持って落ち着いたし、ちょうどいい頃合いかもしれないわね。でもあなた仕事をセーブして何するつもり？　世間じゃ定年後に家でゴロゴロしている夫を、ぬれ落ち葉って言うらしいけどわよ」洋子は軽口をたたきながらも、いつも忙しがっている聡がそろそろゆっくりしたいと思う気持ちはわからなくもなかった。

「ははは、気を付けないとな。でも俺は大丈夫。まだぼんやりとだけど、自分のやりたいことにチャレンジしてみたいんだ」

「ん？　起業でもするつもり？　よくわからないけど、老後資金には手を付けないでよね」

応援したい気持ちと不安のような複雑な気持ちが洋子によぎった。

聡の家は、洋子も正社員で働いてきたため、老後の生活費は年金とこれまでの貯蓄で賄える計算だ。でも聡が事業で失敗でもしたら……洋子は内心、勘弁してほしいと思った。

「わかってるよ。起業っていうよりも、自分も含めて、シニア世代の男が老後を楽しく過ごせる居場所みたいなものが作れたらと思ってるんだ」

聡はワクワクした表情で言った。聡は学生時代から飲み会やイベントの企画をするのが好きだった。自分が目立ちたいのでなく、人が楽しんでいるようすを見るのが好きなのだ。

「『居場所』ねえ。ちょっと面白そうな気もするけど、実際どうやってやるの？」

「うん、そこなんだよな」

聡はとたんに残念そうな顔になった。聡はアイデアを思いつくのは得意なのだが、洋子の指摘通り、具体的なやり方までは見えていなかった。

聡がこんなことを考えるようになったのは、父親の影響が大きい。父親は五年前に八二歳で亡くなった。現役時代は夜遅くまで働く、高度経済成長期を体現するような「モーレツサラリーマン」だったが、定年退職後は家でテレビを観て過ごす時間が長かった。若い頃からやっていたゴルフにも行かなくなり、七〇代後半からは、膝が痛いなどと言って外出すること自体がめっきり減った。特別な趣味があるわけでもないし、自分の親ながら、いつも何をして過ごしているんだろう、何が楽しみなんだろう、と不思議に思っていた。

聡は父を見ていて、定年後の長い老後をどう過ごすかということを考えずにはいられなかった。そんな聡自身も、特別に続けていたいことや趣味があるわけではないからだ。とはいえ聡の日々の仕事も忙しく、シニア男性の居場所をつくるという構想は進展しないままの日々が続いた。

旧友を誘う

　年末、聡は名古屋に帰省し、いつもの高校時代のサッカー部仲間三人で居酒屋で飲んだ。この日は「何歳まで働くか」という話題で三人は盛り上がった。

「ぼくは再雇用で働くよ。でも給料は現役時代の半分だ。正直、モチベーションを保てるか心配なんだ」

　地元の自動車関連企業で働く信一が言った。

「俺は来年六〇になったら息子に税理士事務所をまかせる。六五まで働いていたら、そのあと何か新しいことをはじめるのはむずかしいんやないかと思ってさ」

「なになに？　聡は何やるつもりなの？」

「いや、まだはっきりわからんけどな、定年前後の俺らみたいな世代が集まって、みんなで一緒に興味のあることをやれる場所をつくれんかと思ってさ」

「さすが聡。面白いアイデアだな」

　信一が話に食いついてきた。聞けば、信一も定年後の暮らしを考えて、近頃は自治体が開催するイベントに時折参加しているらしい。

「聡は将来のこと考えててえらいなあ。俺は六五までとりあえず働いて、その後はもうのんびりしたいよ。旅行や自分の好きなことをしていたいね」

明が気だるそうに言った。

「でも、年金だっていくらもらえるかわからんし、体力だって前ほどないからな。働きたくはないけど、少しは収入になることやってないとだめなんかなあ」

三人それぞれ、これからの生き方に漠然とした不安を持っていた。だからといって、誰も具体的にじっくり考えているわけではない。

「ま、多少は働きながら好きなことをやれればそれでよしとすべきなんだろうが、そのやりたいことってのが……なかなか見つからない。聡はいいな」

信一が言った。聡は、しっかり者の副キャプテンだった信一が協力してくれたら力強いと思い、「信一、じゃあ俺と一緒にやってみないか?」と誘った。

「僕と? うん……そうだな、ひとりじゃ無理だろうけど、聡と一緒ならなんか面白そうなことができそうな気がする!」

信一が話に乗った。明はあまり興味がなさそうだったが「イベントやるときには呼んでね」と笑って言った。

物置小屋を「大人の遊び場」にしたい

翌年の四月、聡は六〇歳になり、二〇年間続けてきた税理士事務所代表の役職を息子に譲った。古い馴染みの客だけは聡が引き続き対応することにしたが、あとはすべて圭太が自分の方法でやっていってくれればいい。

時間に余裕ができた聡は、実家のある名古屋に帰ることが多くなった。その日も聡は、地下鉄の駅にほど近い実家の物置小屋をひとりで片付けていた。築四五年の平屋木造、二〇帖はある。昔の物置は広い。中はいつの間にか、何年も、いや何十年も使われなくなったものであふれていた。聡は、自分が動ける今のうちに少しずつ片づけておくつもりだ。

聡と信一はあれから、「大人の遊び場」を本当に立ち上げてようという話し合いを重ねていた。といっても、最初は飲むばかりで具体的な話はなかなか進まなかった。聡はもともとスポーツも芸術も興味はあったが、特に何かに深くのめりこんだことはない。信一も似たようなものだった。ふたりで話しているうちに、自分たちで何か独創的なことをゼロから考えるのではなく、たとえば音楽やアート、歴史など、それぞれ得意な「先生」を呼んできて講座を開くのはどうかというアイデアが出た。定年後に妻から「ぬれ落ち葉」と呼ばれないために、世の同年代の男性の居場所をつくりたい、そして自分たち自身も楽しもうという思いでふたりは盛り上がった。

そして、まずはこの広い物置小屋でやってみようという話になったのだ。本当は公民館などの場所を借りたいところだが、申請の手続きが面倒なうえに希望者も多い。レンタルスペースを借りればそれなりの費用がかかる。

ただし、この物置小屋はかなり古い。物を片付けてもおそらく汚い印象はぬぐえないし、冬ともなれば寒すぎる。使い物にはならないだろう。お金はそんなにかけたくないが、リフォームするしかあるまい。さて何からどう始めようか。聡は初めてのことに不安を覚えたが、信一とふたりで始めると思うと心強かった。

「聡、何やっとんの?」

聡が物置小屋を片付けていると、母屋でひとり暮らしをしている母親が入ってきた。

「高校のサッカー部の信一のこと、覚えているかい。あいつと、ここで一緒にイベントをやれんかと思ってさ」と聡が言うと「へー」と昔を思い出すような声を出した。

母は聡が片付けているのをしばらくながめてから言った。

「私ひとりでこの家は広すぎるで。何かしら活用してくれるとうれしいわ。物を整理するいい機会やしね。ついでに母屋のほうも片付けてくれると助かるわな」

母は今年で八四歳になる。ひとり暮らしになってから母屋も物があふれたままになっていた。聡はふだん東京に夫婦ふたりで住んでいるが、定期的にひとりで帰省し、母親のようすを見に来ている。母はまだまだ元気で身のまわりのことは自分で一通りやっている。来客があるわけでもなし、部屋数も多いので、家の中が多少雑然となってきてもとりあえずは困らないのだった。聡にしても、帰省したときに重いものを運んだり、電球を交換したり、母がふだんできないことをサポートする程度で、父が亡くなってから大がかりな片付けをしたことはなかった。

このまま母をひとり暮らしにさせておくわけにはいかないことはわかっているが、自分も東京での暮らしのほうが慣れているし、妻も東京から離れることはもうできないだろう。いつか母親が介護が必要になったときにどうするかは、そろそろしっかり考えておかないといけないとは思っていた。

妻と話す

「え？　リフォーム？　あの物置小屋を？」

洋子の声が品川のマンションのリビングに響き渡った。

「じつは、信一と『大人の遊び場』を立ち上げようと思ってさ。実家の物置のリフォームのことは母さんにも了解をとったよ」

洋子は、また聡が突拍子もないことを言い出したと思った。聡はアイデアを出すのは得意だが、詰めが甘いと洋子は昔から思っている。言いたいことは山ほどあるが、この人は聞く耳を持たないだろう。洋子はとりあえずやらせてみるしかないと思い、「できるわけないじゃない」と言いたい気持ちをぐっと飲みこみながら質問した。

「あなたの実家の物置小屋なんだから好きにすればいいけど、お金はどうするの？」

「じつは、定年後の海外旅行のために貯めてた二〇〇万円を使いたいと思っている」

「えー！　あれはヨーロッパにのんびり旅行するために貯めてたんじゃない……」

洋子は不満たっぷりだった。

「勝手を言ってすまない。楽しみにしていたよな。でも、俺も考えたんだ。海外旅行は楽しいだろうけど、一瞬で終わっちゃうだろ。それより、日々の楽しいことに投資したほうが、これからの人生が何倍も楽しくなると思うんだ。そういうお金の使い方をするほうがいいと思うんだ」

聡はいつになく真剣に言った。洋子は返す言葉が見つからなかった。「それはあなただけの考えでしょ」と心の中では反論するのだが、「一瞬で終わっちゃうだろ」という言葉はたしかにその通りのようにも思えた。洋子もじきに定年退職だ。これからの生き方をどうするのか、何にお金を使って何にお金を使わないのか、考えを明確に持っているわけではなかった。

リフォーム、そして「大人の遊び場」スタート

聡は高校の同級生で、名古屋市内で工務店を経営している隆にリフォームの相談をした。

「聡はこれからのことをちゃんと考えてて、しかも行動に移してるところがすごいな」

「俺ひとりじゃなくて、信一も一緒だから心強いんだ。『大人の遊び場』をやるときは隆も遊びに来いよ」

「おう。でも大人の遊び場って言われても、イメージが湧かんのやけど……聡は物置小屋をどんな感じにリフォームしたいの？」

二〇人くらいが集まって講座を受けられるスペースを作りたい、と聡は説明した。車が多い大通りに面している物置だが、この中で音楽会なども開いてみたい。靴は脱いでリラックスできる感じがいい。隆に話しているうちに、聡のイメージがどんどん具体化していって、やりたいことが自分でも見えてきたような気がした。

物置の間仕切りを取り払い、二〇帖ぶち抜きの広い空間にした。フローリングとクロスを張り、寒さ対策と防音を兼ねて二重サッシにしてもらった。トイレも新たに増築し、プロジェクターやホワイトボードも設置した。家具まで合わせると合計三〇〇万円近くにな

った。洋子は半ばあきらめたようすで、渋々承諾してくれた。

聡と信一は、リフォームが終わるとさっそく半年後の第一回「大人の遊び場」に向けて、張り切って準備を始めた。

聡が名古屋に帰省する都合もあり、一二月の一週間に集中的に講座を開催することにした。一一時、一三時半、一五時、一九時の一日四部制で、参加者には好きなテーマの講座を受講してもらうスタイルだ。信一は再雇用で働いているが、イベントのために何日か休みをとった。

税理士である聡は、得意の相続をテーマに講座を受け持つことにした。それ以外の講座は、ふたりの知り合いや、妻や友人の知り合いをあたり、専門的な仕事をしている人に講師役を依頼した。バイオリンやチェロの生演奏、相続対策、ヨガ、リフォーム講座、ストレスの対処法、アート、食と健康など、分野は多岐にわたった。

「聡はいろんな人を知っているな。サラリーマンの俺とは人脈が違うわ」信一は驚いたように言った。

「まぁ、税理士の仕事を長年やってると、東京以外にもいろいろなつながりがあってな」

これまでの人脈を活かせることを聡はうれしく思った。

参加費は一講座五〇〇〇円、定員は一〇～二〇名に設定した。気軽に参加してもらうため、安い料金設定にした。一九時の部のみ、希望者には懇親会も設定し、酒とつまみ込みで二〇〇〇円に設定した。このイベントで儲けるつもりはない。とはいえ、チラシの印刷や飲み物代など、いろいろ考えると本当はもう少し参加費を高く設定したかったのが本音だ。

講師への謝礼は、各講座の参加費の合計の半額を支払うことにした。満席だったとしても謝礼は二五〇〇円~五〇〇〇円。ほぼボランティアだ。当然断る講師もいたが、「何歳になっても新しいことを学び、感性を磨く場をつくりたい」という想いに共感してくれた人たちが協力してくれた。本当にありがたかった。

ふたりは自分たちでチラシをつくり、友達や近所の人に配ったり、地元の公民館に置いてもらった。聡も信一も最近は近所づきあいをほとんどしていなかったが、チラシを持っていくと「聡君、久しぶりやね。おじさんになったね!」「どんなことやっとるか一回見に行こうかな」と会話が生まれた。

第一回「大人の遊び場」

「結構、準備がハードだな。現役時代やったらむずかしかったやろうな」

ふたりは、月に一回、聡が実家に帰るときに合わせて打ち合わせを行い、それ以外は毎日のようにメッセージやテレビ電話でやりとりをしていた。聡は仕事の合間にイベントの準備を進め、信一も再雇用で働くようになってからは定時で仕事が終わるようになったため、夜や休日に対応してくれた。

企画の立案、講師との打ち合わせ、チラシの作成と配布、申し込み者への対応、当日の進行など、自分でイベントを最初から最後までやってみてはじめて、その大変さを感じるふたりだった。初めてのことばかりだったが、どうしたら参加者の人たちが楽しめる場にできるか、ふたりは夢中で取り組んだ。

こうして、一年後の二〇一六年一二月、第一回目の「大人の学び場」が開催された。「怒りの感情との向き合い方」「チェロ生演奏で楽しむ午後のひととき」「認知症予防講座」「これからの住まいについて考える」など、計二八コマの講座が開かれた。

一日四部制の七日間で合計三四人が参加した。参加人数はいずれも定員には達せず、三～四人の回も少なくなかった。もっとたくさんの人が来てくれると期待していた聡と信一は正直がっかりした。参加してくれた人のほとんどは友達や近所の人で、公民館のチラシを見て来てくれた人たちも少し。イメージしていた五〇～七〇代の男性だけでなく、女性が半数近くいたのは予想外だった。

「はじめての開催にしては、まずまずの人数かな」

終了後、聡と信一は参加者のアンケートを見つつ、ふたりで反省会を開いた。

アンケートには、「近所にこのような場所ができてうれしい」「講師の話を聞くだけでなく、参加者同士で話せる時間がもっとあればよかった」というようなコメントが書かれていた。

「たしかに今回は講座を詰め込みすぎて、肝心の交流時間が少なかったよな」「そうだな、次回は懇親会の時間を長めにとろうか」ふたりの頭の中は、すでに第二回の構想でいっぱいになっていた。

しかし、さすがに七日間連続でイベントを開催するのは準備が大変すぎた。合計二八コマの講座の講師とのやりとりや出欠者とのやりとりは予想以上に煩雑だった。また、終わってみれば収支は赤字。参加費が約四万円、講師への謝礼が二万円、チラシの印刷代が一万二〇〇〇円、飲み物と食べ物で一万円。二〇〇〇円の持ち出し。信一がため息をつく。

「場所代がかからないだけマシだけど……といってもリフォーム代はあるし、人件費も……」聡は苦笑した。

もともと儲けるつもりはないが、長く続かせるためには最低限の黒字は欲しい、次回はがんばろうとふたりでふたたび乾杯をした。

試行錯誤

第二回の「大人の学び場」は、半年後の二〇一七年五月に開催した。

第一回で好評だったバイオリンとチェロの生演奏とヨガの講座などは同じ内容を行い、新たに「好感をもたれる姿勢・話し方」「日本画の魅力を語る」といった講座を企画した。準備の負担を減らすため、日数も木曜から日曜の四日間に減らした。参加者同士が懇親できる時間を拡大するため一日四部制から三部制に減らし、時間にもゆとりを持たせた。

じつは第一回のイベントに参加した明がふたりの一生懸命なようすを見て、チラシを近所や会社の同僚に配ってくれた。ふたりは心から明にお礼を言った。

妻の洋子も名古屋まで駆け付けてくれた。集金や資料の配布、お茶出し……と準備に追われている聡と信一の姿を見て「こういうのは自分たちだけでやろうとしちゃダメ！ うまく人の手をかりなきゃ」と言い、集金を代わりにやってくれた。「お茶出しも、参加者の人に自分で入れてもらえばいいじゃない！」と言って、洋子は「お茶はセルフサービスでどうぞ」と書いた紙をポットの上に張った。「たしかに！ 地味にお茶出しの作業が大変だったから、自分でやってもらえると助かる！」洋子のアイデアに、聡と信一は感心した。

ただし参加者は二二人と、期待していたより少なかった。第一回の内容と比べて目新しい内容が企画できなかったせいか、リピーターも五人にとどまった。そのリピーターも義理で来てくれているような感は拭えなかった。

三回目はこれまでの反省を活かし、まずは多くの人にイベントのことを知ってもらおうと無料で告知できるネット上のサイトに情報を掲載したが、申し込みはひとり。

「近くに大学があるから、学生が来てくれるようなイベントを企画してみたらどうかな？家の前にチラシを置いてみるとか？」イベントの終了後、聡は信一に話しかけると、信一は気まずそうな顔で答えた。

「じつは、仕事しながらイベントの準備をするのが大変でさ……」

明言はしなかったが、イベントを続けるのはむずかしいという信一の気持ちが、聡に伝わってきた。聡は返す言葉が見つからなかった。そういえば、信一の妻の美子が参加してくれたことは一度もなかった。専業主婦だった美子から見れば、ふたりがやっていることは理解できないようだった。

プラン変更

それから一週間以上、聡はこれからどうしようかと考えをめぐらせていた。大人の学び場を続けていきたいが、自分ひとりで続けていくことはむずかしい。でも信一以外に協力してくれそうな人は思い当たらない。考えても答えは出なかった。

夕飯時、洋子はそんな聡のようすを見かねて声をかけた。

「やっぱり四日間もイベントを企画するって大変すぎるんじゃないかしら」

「そうだよな。俺はまだしも、まだ会社で働いている信一に負担をかけすぎてるよな」

「あなたは大人の学び場をどういう場所にしたいのかしら？　定年後の男性がみんなで一緒に学べる場をつくるというコンセプト、私はすごくいいと思ってる。でも、たくさん人が来ればいいってものでもない気がするんだけど……」

聡はしばらく考えてから口を開いた。

「たしかに、俺たちがこんなにがんばって企画しているんだからたくさんの人に来てほしいっていう気持ちはあった。けどそれって、自分中心に考えていただけかもしれない」

夜、聡は書斎に向かい、これまで三回の「大人の学び場」の振り返りを紙に書き出した。

・何日も連続でイベントを開催すると準備が大変で、継続がむずかしい。
・気軽に参加して人と話せる場所にしたい。
・新しい人にも来てほしいが、本当はリピーターを増やしたい。
・人数が多すぎると交流するのはむずかしい。三～四人でも十分。

聡は、大人の遊び場を人々の居場所にするには、たとえ少人数でも、回数が少なくても、やり続けることが大事だという結論に至った。

数日後、聡は「大人の学び場」の新しいあり方を信一に提案した。月に一回、第三日曜日の午前中に一講座を開催する。毎月一回でなくてよい。開催しない月があってもよし、月に何回かやってもよし。人とのつながりは一回や二回会っただけでは育たない。継続させることを最優先にする。聡が説明すると、「聡、いろいろ考えてくれて、ありがとう。そうだな、やり続けることが大事だよな」と信一も賛成してくれた。

「自分たちが本当にやりたいこと」

ふたりはイベントの回数を月に一回に減らし、そのかわり「自分たちが本当にやりたいこと」だけを企画するようになった。

信一が、「定年後の男の生き方」と題して、みんなで話し合うワークショップを企画したところ、七人が集まった。熱心に話し合いをする参加者の中に、明の姿もあった。帰り際、「今日はいろいろな仕事の人と話せて、すごく刺激になった。また参加したい」と言って帰っていった。

聡は、自分が興味をもつ「大人の男の身だしなみ講座」を企画した。参加者は五人だけだったが、これまでの講座で一番盛り上がった。

「大人の学び場」をはじめて三年、一〇人ほどがリピーターになり、ほぼ毎回参加してくれるようになった。五〇〜七〇代の男性の小さなコミュニティがなんとなく出来上がってきた。明も都合がつく限り参加してくれるようになった。

「じつはぼく、社会人になってからできた友達っていないんだよ。でも、この大人の学び場に参加するようになって、仕事以外の自分の居場所ができたような感じがする。本当にありがとう」明は聡と信一にお礼を言った。

「うれしいなあ。こちらこそいつもご協力ありがとうございます」聡は深々と頭を下げ、三人で笑った。

予想外だったのは、若い世代の人たちも徐々に参加してくれるようになったことと、健康と有機食品をテーマにした講座が思いのほか好評で、わざわざ浜松から参加してくれた夫婦もいたことだ。自分が本当に興味のあることを軸にすることで、これまで知り合うことのなかった人ともつながることができると、ふたりは感じていた。

方向転換

ただし、回数を減らしたとはいえ、毎月イベントを準備することはやはり大変だった。

聡も信一も若くはない。思い切って、「大人の学び場」を無理せずに続けていくため、しばらく休むことに決めた。

翌月のイベント後の懇親会にて、「来月と再来月のイベントは、お休みです」と聡は参加者に案内をした。参加していた明は「めずらしいな。どうしたんや？」と聞いてきた。

「じつは、イベントの準備が結構大変でさ」と聡は答えた。明はしばらく考えてから言った。

「少し前の新聞で、読書会の記事を見たんやけど、みんなで本の感想を言い合ったり、おすすめの本を紹介するらしい。ちょっと興味があるんやけど、再来月のイベント、俺に企画させてくれんか？」

明はもともと仕事以外の友達がいないタイプだったが、「大人の学び場」に参加するうちに、新しい人と出会うことを楽しいと感じるようになっていたのだ。

聡は七月のイベントを明に任せることにした。心配に思うことはいろいろあったが、口を出すのは最小限にした。妻の洋子から「人に任せることも大事だと思う」と釘をさされたからだ。

二〇一九年七月、明は読書会を開催した。フェイスブックのつながりで、本好きの八人が集まった。内容はシンプルで、小説や実用書など、各自が持ち寄った本を紹介し合い、その内容にまつわる情報や意見を交わすというもの。いざふたを開けてみれば、すでにほかの読書会に何度も参加したことのある経験者も何人か来てくれて、明が前に出て仕切らなくても自然と進行していった。読書会は大成功。明はそれから二か月に一回程度の頻度で、読書会を開催することになった。

そんな明のようすをみて、聡は信一に言った。「俺はやっぱり、人が楽しめる場をつくることに幸せを感じるんだって、最近気づいたんだ。いっそ大人の学び場を、俺たちだけのものにしないで、みんながやりたいことを試せる場にしたらどうかな？」

信一も「じつは俺もぼんやりとそんなことを考えていたよ」と賛同してくれた。

それからふたりは、毎月のイベントのときに、何かやってみたいことがある人を募ることにした。ふたりが前面に出て仕切るのではなく、参加者からの企画をメインにする。路線転換について参加者たちにていねいに説明したところ、ぽつぽつと新しい企画を提案する人が現れはじめた。カメラの楽しみ方、コーヒーの淹れ方、音楽大学を卒業してもなかなか人に聴かせる機会のない若い演奏家限定のコンサート……ふたりの発想にはない企画が次々に出てくる。これで行こう。ふたりははじめて講座を開催する人をサポートする役割にシフトしていった。聡と信一は、人に任せることで、自分たちの負担が減るだけでなく、自分たちだけでは考えつかない発想や、人の輪の広がりが生まれることを実感していた。「大人の学び場」の参加者は、少しずつ増えていった。

聡と信一は六五歳になった。「大人の学び場」は続いている。聡は名古屋の新しい友人が増えた。今は、無理をせず細々とでもやり続けることが大事だと思っている。もしかするとまたやり方が変わるかもしれないが。自分たちの体力や気力が続く限り、続けていきたいと思っている。やりたいことはどんどん変わっていくし、やってみなければわからない。みんなの意欲や楽しみが生まれる場をつくっていくことが目標だ。

薫からのアドバイス

●自宅で自分のコミュニティを作るコツ

小さく始める——まずは家にあるものを活用して準備し、友人・知人を集めて少人数でスタートする

家族の理解を得る——一緒に住む人、家族に理解がなくては始められない。少しずつ計画の目的を話して共感してもらうことを心がける。

近隣への配慮をする——ご近所からの理解を得られるようにお知らせしておく。

プライベートは守る——他人に見られたくないものは出しておかない。家族に迷惑

がかからないように気配りをする。

家開きしやすい設計を考える――シンプルでラクな動線にする。引き戸や軽めの椅子などを活用して自由に配置を変えられるようにする。誰もが使いやすい、居心地の良い空間づくりを意識する。家開きは継続することとリピーターをつくることを大切に考える。

●自分のコミュニティを作るとかなえられること

自分らしい生き方――自分の好きなことで、自分のペースで続けられる。夢の実現。

新しい人とのつながり――家族や同世代の友人とは別に、地域の人との交流、多世代での交流が継続できる。

自分への投資――人との交流から得られる刺激や知識で世界が広がる。自分を磨く気持ちも保てる。

8　自宅で幸せに老いる　七〇代男性

ヘルパーの手を借りて自宅で暮らし続ける

黒坂次郎の家開き

黒坂次郎との出会い

二〇〇七年の秋、建築士の井上薫は黒坂次郎という初老の男性の家を初めて訪れた。知人の紹介で、彼が住む戸建住宅のリフォームの依頼を受けたのだ。横浜駅に近い私鉄沿線の駅から歩いて五分ほどの住宅地。三〇年前に建築家が設計して建てたという家のデザインは角地だからこそより目立って今でも斬新さが感じられた。

玄関に入ると正面にははっと目を引く一メートル角以上の大きな立派な絵画が飾ってあった。マスコミ関係の大手企業に勤めながらずっと独身だったという彼は、仕事で海外にいくことも多かった。自分好みのこだわりの物を身のまわりに置いて暮らしていることがすぐわかった。特に海外からの絵や写真は、ガンジス川やニューヨークの裏通りの作品やマリリンモンローの特大ポスター等で、簡単には手に入りそうもない話題性のある物だった。

定年退職後は年金の範囲内で友人との会食や旅行などを楽しみながら、特別な贅沢をするわけでもなく独身生活を悠々自適に暮らしていた。話好きで、洋服のセンスもいい、身のこなしに品の良さも感じられた。

次郎の家は木造二階建て。玄関を入って一階の奥の個室には次郎、階段を上って二階の個室には姉の美智がいるというふたりだけの暮らし。次郎が望んだリフォームの内容は、キッチンやお風呂が二階にあって不便なので、一階だけですべての生活ができるようにしたいということと、友達を呼べる家にしたいということだった。

次郎が生活する一階には、四帖半の床の間付きの和室と一二帖ほどの土地の形に沿った変形した洋室、そしてトイレと納戸があった。洋室は真ん中を家具で仕切り、手前にはオーダー家具の真っ黒なテーブルと机と椅子が置かれ、奥側にはセミダブルのベッドがあった。トイレには手洗い用の水道がついていたが、食器棚やコンロはない。人がやってきてもすぐにお茶も出せないのだった。

打ち合わせは一階の洋室で和やかな雰囲気で進んでいったが、その流れが変わったのは、薫が「二階を見せていただいてもいいですか？」と言ったときだった。次郎は「どうぞ」と言いながらも、案内してくれる気配がなかった。

ゴミだらけの部屋で暮らす、姉の美智

薫はひとりで二階に上がると、テレビの大音量が漏れ聞こえる階段脇の部屋をノックしてみた。「こんにちは。建築士の井上薫と言います」しばらくするとドアが開き、警戒した面持ちの老女が立っていた。美智は無表情のまま「どうぞ」と言い、部屋へ通してくれようとした。中に入ろうとして、薫は思わず息をとめた。床には山積みされた大量の古新聞紙、衣類、雑貨などが散らかっていて、部屋中、足の踏み場がない。「わっ、ゴミ屋敷だ」薫は心の中で叫んだ。美智の白髪も伸び放題、何日も服を着替えていないことも、一目でわかった。薫は部屋に入ることは止めて、リフォーム工事の挨拶を手短に済ませると階下へ戻った。

薫が言葉を発する前に次郎が話し始めた。

「驚かれたでしょう？　姉はもともと羽田空港でずっと仕事をしてきてね。社交的で英語も得意だったんだ。あちこち海外にも出かけていたんだけど、数年前に足をケガしまして

ね。それ以来まったく外出せず、部屋へ引きこもるようになってしまって……。まあ、姉のことは気にしないでください。さっきの続きを話しましょう」

次郎はそう言うと何事もなかったように自分だけの一階のリフォームについて話し続けた。薫は複雑な心境だった。

設計、想い

薫は事務所に戻ると、黒坂邸の設計図面を眺めながら、リフォーム後を想像してみた。

「一階では次郎さんが友達を招き、楽しく過ごしている。その一方で、二階の美智さんは物が散乱する部屋でひとりテレビを観ている……。美智さんに介護が必要になったら次郎さんはどうするつもりなのだろう？」このまま一階だけのリフォームを進めるわけにはいかない。

次の打ち合わせで薫が持参した提案書を読んだ次郎は明らかに気分を害し、憤慨しているようすだった。

「現状を把握する質問として、家事のやり方や、日常生活の過ごし方、好きなことを聞きたいだって？　まあここまではいいとしよう。しかし、なぜきみにぼくのこれからの夢や希望、持病、不安なことについてまで話さなければならないんだ。たかだかリフォームをしてもらうだけなのに！」

「お言葉を返すようですみません。でも、たかがリフォーム、されどリフォームなんです。目先の快適さを優先してリフォームするのもひとつの方法です。でもせっかくお金を使っていただくわけですから、五年後、一〇年後も満足していただけるお宅にしたいんです。そのためには、次郎さんのことをもっと知っておく必要があります。差し出がましいことは重々承知しております。」

そう薫は言いながらも、次郎の言葉はもっともだと思っていた。自分は設計を依頼されただけの存在だ。普通の設計士はここまで施主の私生活に踏み込まない。住宅の部分リフォームのような小さな仕事にそこまで力を注ぐ理由はない。だが、自分はビルや公共施設の設計をしているのではない。現実に生きている人が住む家を、おそらく一生で一度かせいぜい二度しかつくらない家を、施主の代わりに専門家として統括する立場にある。「普通の家」などというものはない。「普通の家族」がないように。だから住宅の建築士は、縁あって仕事を発注してくれた施主とその家族が幸せになる家を必ずつくらなければならない。薫は続けた。

「あえて言います。たとえば、お姉さまの将来のことをどうお考えですか？　将来介護が必要になったとき、老人ホーム等の施設を考えているのか、それともこのままこの家で暮らしてもらうのか。それによってリフォームの仕方はすべて変わってきます」

「老人ホーム……」次郎は「老人ホーム」という言葉にかなり衝撃を受けたようだった。

そして数分後、ようやく重い口を開いた。

「五年後、一〇年後のことなんて、真剣に考えていなかった。いや、考えなければと思いつつ、あえて目を背けていたのかもしれないが」

薫は、次郎が心を開いてくれたことを感じた。

美智の心も明るく

その後、薫と次郎は何度も打ち合わせを行い、リフォームについて話し合いを重ねた。薫は次郎との打ち合わせが終わると美智の部屋を訪れるようにした。美智は初回と同様、警戒心をあらわにしたままだったが、スイーツの手土産を何度か持参するうちにだんだん笑顔を見せるようになっていた。ただ、何度訪れても、薫を見ると必ず「どなた？」と聞くのだった。

薫は、美智さんは認知症ではないかと次郎にたずねた。インターネットや本で調べたら、美智さんの最近の言動は典型的な認知症の症状に当てはまるように思えるのだが、と言った。薫の率直な質問に次郎は落胆の色を見せた。

「そうだと思う。薄々は気づいていたんだ。でも、ぼくは現実を受け入れたくなくて、姉を放っておいた。自分のことだけを考えることで気を紛らわせていたんだと思う」

次郎はつづけた。

「薫さん、ぼくはできる限り姉さんに家に居てほしい。じつはいつもウォーキングで通る道沿いに老人ホームがあってね。ぼくには、そこが完全に社会から隔離されているようにしか見えない。そんなところに姉を入れたくない」

薫は次郎の美智に対する姉弟愛の深さを改めて感じた。もともと次郎には兄がいた。しかし兄は戦死していた。そしてその後両親も他界した。今では身内や親族は、八〇歳を過ぎた美智ひとりしかいないのだ。

「わかりました、次郎さん。それなら二階からリフォームをはじめましょう。私が、介護が必要になっても安心しておふたりが暮らせる家にします」

薫は力強く答えた。

薫は、設計を進めるかたわら、リフォームに着手するために、次郎の了解を得たうえで美智の部屋を片付けることにした。しかし、あまりの物の多さにらちが明かない。ほこりをかぶったままで開けていない大量の段ボール箱。重ねて立てかけてあるいくつもの梱包されたままの模倣絵画。賞味期限切れの大量の食品はすべて通販で買ったと思われるものだった。

　薫は美智をファミリーレストランに連れ出し、留守にしている間に専門業者に片付けを依頼した。衛生上とても置いておけない腐ったものやカビだらけの家具、ゴキブリだらけの冷蔵庫などはそのまま処分した。「私のものにさわらないで」美智は処分ゴミを必要なものだと言い張って怒り、どなり、またもとに戻そうと抵抗した。

　薫は時間が必要だと思った。あせらず美智の気持ちを大切にしようと思った。そして片づけは薫のスタッフをまじえて少しずつやることにした。そうしているうちに美智は、ファミリーレストランの食事がおいしいことと、薫の事務所の若いスタッフたちとの会話を楽しみにするようになっていった。

「今日は何を食べようかしら」メニューを見ながら、美智は笑顔になった。いつも独りぼっちだった美智にとって、若い頃の話をしたり、横浜元町のお店の話など共通の話題で盛り上がれることは、何年もなかった青春時代を思い出させる大切な時間になっていった。そして次第に物への執着心はなくなり、人との会話を楽しむことを選ぶようになっていった。

　美智の笑顔を見ながら薫は考えていた。このリフォームが終わった後も美智さんがもっと楽しく暮らしていけるように、一緒におしゃべりしてくれる人がいてほしい。美智さんは教養があるし、ピアノや英語もできる。美智さんが好きなことを一緒に楽しみながらレッスンしてくれるパートナーがいたらどうだろう。

薫がこの「レッスンパートナー」について次郎に相談したところ、快諾してくれた。さっそく数日後から、週一回ずつふたりの主婦に交互に来てもらい、英会話とピアノをそれぞれ楽しんでもらった。日増しに元気になる美智を見て、次郎が言った。

「今の姉に一番必要だったのは、一緒に何かをしてくれたり、話をしてくれる相手だったんだろうね。人間の心っていうのは結局、誰かと関わり合うことでしか満たされないんだなと、最近の姉を見ていて思うよ。薫さん、ありがとう。なにからなにまで。姉をこんなに明るくしてくれたのはあなただよ」

薫からのアドバイス

●環境を変えると人は変わる

必要以上に物が多い家は、物によって癒やされたい、ストレスを解消したいと無意識にしている家だ。ストレスが溜まると余計なものを買ったり置いたりする人は多い。

また、一般的に、物が増えると集中力が落ちる。探す時間が多くなったり片付ける時間が必要になる。視覚的にも見えるもの多くなり、疲れやすくなる。悪循環になるのである。

普通の人から見たらゴミのようなものでも、さびしい人は物にかこまれていることで安心を得ようとする。いつも信頼できる人にかこまれている人は、物をためこむ必要がないからシンプルに暮らしている。ゴミ屋敷と言われる住まいの人は孤独な人ばかりだ。物にかこまれて暮らしているか、人にかこまれて暮らしているか、で心の状態がわかる。

感情は環境によって変えられる。片付けをして環境を整えると心が楽になり、人生が変わる。自分を変えたければ、自分のまわりをすっきりさせることが必要だ。

友達が来やすい住まいにリフォーム完成

二年後、黒坂邸のリフォームが完成した。薫は、美智の片付けをしている際、古いブランドの化粧品や下着が出てきたのを思い出し、セリーヌの化粧品とやや高級なレースがついた下着を買って渡した。美智は本当にうれしそうな笑顔で受け取り、鏡の前に座って口紅を付けた。その姿を見ていた薫は、伸びたままの髪もきれいにセットしてあげたくなったので、数日後、次郎の承諾を得て出張美容師に来てもらった。何年も外出できなくなっていた美智にとって、リフォームとともに新たな生活が始まった。家の中に新しい風が吹き込まれたようで、いつもおだやかで満面の笑みを浮かべ、本来の彼女らしさを取り戻していった。

後日、次郎の七三歳の誕生日のお祝いを兼ねた竣工パーティーが自宅一階の次郎のリビングで行われた。次郎の学生時代の友人や職場の後輩、スキーや映画仲間が来て、大いに盛り上がった。次郎は二〇人近い友人達と大好きなワインを飲み交わしながら、とても楽しそうだった。姉の美智も一緒に参加して、次郎の女友だちからおしゃれな装いをほめられると無邪気に笑った。さまざまな世代の友達が来てくれる住まいが完成した。

ヘルパーがよろこんで介護してくれる家

美智が八二歳となり介護が必要になったと次郎から聞き、薫は役所に相談してケアマネージャーを探した。「なぜ家族でもないあなたが黒坂さんのケアプランに口をはさむのか」とケアマネージャーから言われた。黒坂さんからお姉さまのことはまかされているのだと説明しても納得しない。薫はこれまでの経緯をていねいに説明し、最終的には理解してくれた。薫はもちろん自分がおせっかいであることを承知しているが、閉ざしていた心を開き、自分を信じてくれるようになった美智に、そして自分を信頼してくれている次郎に、できる限りのことをしてあげたいという思いがあった。

次郎も八〇を過ぎた頃から目が不自由になり、呼吸器系疾患で酸素吸入が必要になった。次郎は、いま自分にもしものことがあったら姉はどうなってしまうのだろうかと不安が募った。そこで次郎は、サラリーマン時代の後輩の谷口に自分の任意後見人になってくれと依頼し、美智には薫に相談して公的な成年後見人をつけてもらった。

次郎は八五歳からは要介護2となり外出もむずかしくなった。一日二回の生活支援や訪問入浴介護等を受け始めた。目が見えないから、宅配を受け取りに玄関まで出ることもできない。ヘルパーに買ってきてもらった、コンビニのお弁当を食べようと思っても、ビニールシートを外せなくて食べられない。

そんな不便な状況になっていたが、毎日家に来てくれるヘルパーとの会話が次郎の心の支えになっていた。ヘルパーたちは、どこに何があるかわかりやすく仕事がしやすい黒坂家によろこんで来てくれていた。広々とした光があふれるインテリアで、ヘルパーたちも心地よく仕事が出来ると言う。毎日たくさんのヘルパーが訪れ「我が家の廊下は公共の道路のようだ」次郎は笑いながら話した。

しかし、次郎と同世代の友人たちは歳を重ねてから外出がむずかしくなってきて、いつの間にか黒坂邸に来ることもほとんど無くなった。次郎自身も昔の友人が来るとうれしい反面、疲れるようになり、ついつい断るようになっていった。

その代わりにヘルパーや薫の事務所スタッフたち、後輩の谷口など、いつも次郎たちのことを心配して、誰かが来てふたりを見守ってくれた。

頼れる家族がいない美智の死去

二〇一九年春、美智は九五歳で亡くなった。訪問介護の医師が見守る中、自分の寝室で静かに息を引き取った。体調が悪い次郎はほとんど寝たきりになっていた。

美智の葬儀は薫と薫の事務所スタッフが行った。美智の最期まで関わらせてもらえたことを、薫は本当に良かったと思った。美智には、家庭裁判所が決めた公的な成年後見人はいたが、基本的に事務作業を行うことが仕事のため、家族のように接することはなかった。美智の後見人は美智のほかに八人もの後見人になっていていつもとても忙しそうだったのだ。介護相談のケアマネージャーも一〇年以上お世話になっていたが、亡くなった時点で介護というその仕事はすべて終わった。公的な成年後見人やケアマネージャーが葬儀やその後の後片付けの手配まではできない。今回は薫が葬儀を行うこととなったが、いざというときに頼れる関係を他人とも築いておく必要性を改めて考えさせられた。

葬儀を終えた後、薫は美智に対する感謝の気持ちで胸がいっぱいになった。美智は、頼れる家族がいなくても、自ら心を開いて他人の助けを受け入れることによって誰にも迷惑をかけることなく、まわりの人たちにも幸せな気持ちを与えて最期を迎えたのだ。たくさんのヘルパーたちに愛され、かわいいおばあさんであった美智。人に頼り甘え上手だった笑顔の美智の姿が誰の心にも残った。

そして次郎も、美智のように最期を迎えたいと考えるようになった。二〇歳年下だがワイン好き、映画好きという同じ趣味の谷口とは気が合った。家をリフォームしてから一二年、黒坂家によく来てくれるようになった谷口が公証人役場に立ち会ってくれたので次郎は遺言を書いた。

「ぼくには親族がいない。自分の最期の迎え方をどうしようかと不安だったが、今は何も心配がなくなった」

自分のすべてを任せられる信頼できる異世代の友に、最後のことまでお願いできて次郎はほっとした。

薫からのアドバイス

●人に頼り、最後まで自分で選択する

老後を考えての住み替え場所に有料老人ホームと言う選択肢がある。まるでホテルのような優雅な暮らし。健康面のチェックもあれば、コンシェルジュが常駐するところもあるという。至れり尽くせりの暮らし、そのうえ、学ぶことやときめくこと、新しい自分に出会うよろこびがあるという運営会社のサービス。大切な家族の一員であるペットも連れてきてよい。都会から離れ、空気も景色も抜群！　そんな老人ホームならば老後は安心かと思う人は多いだろう。

この老人ホームに入るためにはいくらお金があればよいのだろうか？　自宅を売った代金で入ることは可能、あとは月々年金を払えば大丈夫だと宣伝するところも多い。そして、まだ自立ができている人が入れることが条件だ。もしも介護が必要になったときはそのまま暮らしていられるとのこと。家族に迷惑をかけたくないという思いからも選択するのかもしれない。

老人ホームなので、建物の中はどこを見ても老人ばかり。その老人ホームで暮らす同じメンバーが毎日同じ場所に集まって同じような内容のことをしている。異世代の

自然な交流はまったくない。気がつけば毎日単純な生活の連続。自分の暮らし方をホームにゆだねて、自分から外出する元気も意欲も体力も次第になくなっていく。身体が元気なうちから至りつくせりの生活を「安心」と引き換えに選択してしまう。

人生で一番大切にしなければいけないことは、自分で選んで自分の生き方を決めていくことだ。ありたい自分を自分で選んでいくことなのだ。今のこの日本は自分の人生は自分で選んで自分の生き方を選べる国なのだから。生き方を選ぶとは、自分がどのように生きてきたか、どのような気持ちでどのように最期を迎えるか、という生き方なのである。後悔のない生き方とは、すべてを自分で選ぶことではないだろうか？

頼れる家族がいなくても、自ら心を開き、自分が頼りたいのはこの人だと選ぶことはできるはず。「これからは老人ホームではなく在宅で」が国の政策方針だ。自宅でどう過ごすかがますます個人に委ねられていく時代になる。

在宅で生きがいを持って楽しく暮らすには、他人を受け入れる心のバリアフリーを低くし、まずは「家開き」という他人に頼ることに慣れる老後の心の準備が必要だ。

そして異世代の信頼できる友との絆を大切に育てていこう。長寿の時代だからこそ、人という資産を築くことがより大切になる。

おわりに

この本は、私のこれまでの建築士としての四〇年以上の経験から、私なりに考えてきた「家開き」の考え方と、実例をまとめる形で書いたものです。プライバシーを守るべき建築家としては実例を収録することに躊躇がありましたが、施主の皆さまのご理解とご協力を得ることができました。なお事例は実話に基づいていますが、登場人物は仮名とし、個人が特定できないように小規模な情報の加工をしていることをお断りしておきます。

家開きは、はじめればそれで完了というものではありません。まずはスタートさせ、臨機応変にやり方を変えながら継続させていくものです。本書が読者の皆さまの生きるヒントになればうれしく思います。

ご協力をいただきましたすべての方に心より感謝を申し上げます。

二〇二〇年三月

池上裕子

◎**著者**
池上裕子（いけのうえ・ゆうこ）
一級建築士事務所アキ設計代表。子育て中の1987年に事務所を一人で創業。女性の生活者としての視点を大切にし，個人宅のコンサルティングを得意とする。単身高齢者や障害で外出できなくなった主婦の家の設計などの経験をふまえ，自宅にいながら人と交流が持てる暮らし方，「家開き」を提唱。幅広い世代に提案している。自らも自宅の一部をオフィスや交流サロンとして開放する。

暮《く》らしとこころに風《かぜ》を入《い》れる「家開《いえびら》き」術《じゅつ》
人《ひと》がつながる　人《ひと》が集《あつ》まる

●

2020年4月3日　第1刷

著者………池上裕子《いけのうえゆうこ》
装幀………佐々木正見
企画協力………小島和子（NPO法人企画のたまご屋さん）
発行者………成瀬雅人
発行所………株式会社原書房
〒160-0022　東京都新宿区新宿1-25-13
電話・代表03(3354)0685
振替・00150-6-151594
http://www.harashobo.co.jp

印刷………新灯印刷株式会社
製本………東京美術紙工協業組合

ISBN978-4-562-05733-7 Printed in Japan